Clara D. Kuhn

# Es war einmal

## Das Koch- und Backbuch der Märchen

Clara D. Kuhn

# Es war einmal

## Das Koch- und Backbuch der Märchen

50 zauberhafte Rezepte und Geschichten

riva

# Inhalt

## Zauberhafte Süßspeisen und Desserts 79



## Himmlische Kuchen, Törtchen und Gebäck 103

# Es war einmal …

… ein Buch, das jeden mit fantastischen Rezepten in die wundersame und köstliche Welt der Märchen entführt. Auf allen Seiten gibt es feine Speisen, die so manches Herz höherschlagen lassen, und stärkende Mahlzeiten für alle Heldinnen und Helden, die sich auf Abenteuerreise befinden. Ob kleine Snacks und herrliche Vorspeisen, deftige Hauptgerichte oder süße Versuchungen – die kulinarische Bandbreite verzaubert jeden, und wer in der Küche den Kochlöffel schwingt, wird feststellen, dass die Rezepte wie von Magie zum Leben erweckt werden. Ein Kartoffelknödel wird plötzlich zur Goldkugel des Froschkönigs und geschichtete Pfannkuchen erinnern an die vielen Matratzen der Prinzessin auf der Erbse. Die beliebten Märchen von Andersen und den Gebrüdern Grimm sind die perfekten Paten für eine bunte Vielfalt an süßen und herzhaften Köstlichkeiten.

Lass dich von den Märchenfiguren verzaubern, tauche ein in die Welt von Rotkäppchen, Schneekönigin und Co. und erlebe geschmackliche Abenteuer und märchenhaften Genuss.

*Und wenn sie nicht gestorben sind, dann schlemmen sie noch heute …*

**Ich wünsche dir ganz viel Spaß beim Ausprobieren,**

*deine Clara*

# Damit die Magie in der Küche gelingt

Kochen und Backen macht unglaublich viel Spaß! Kleinschneiden, braten, verrühren und anrichten – wenn man sich an ein Rezept macht, ist viel los in der Küche. Damit du es bei der Zubereitung leichter hast, habe ich dir hier ein paar Tipps zusammengestellt, mit denen garantiert nichts schiefgehen kann.

## Was kann ich tun, wenn ...

***... ich keine Keksausstecher besitze?***

Mit einem Messer kann man auch ganz einfach Plätzchen aus dem Teig schneiden. Am besten gelingen so rechteckige Formen, aber mit ein bisschen Fingerspitzengefühl sind auch Herzen oder Sterne möglich. Achte dabei darauf, dass du die Unterfläche nicht zerkratzt. Ein zu scharfes Messer sollte es nicht sein.

Alternativ kannst du ein Trinkglas verwenden und damit Kreise ausstechen.

***... ich keine Zestenreibe für Zitrusfrüchte zur Hand habe?***

Frische Zitrusschale ist immer noch am aromatischsten, aber wenn du keine Zestenreibe hast, kannst du auch abgepackte Schale verwenden. Ein Päckchen Zitronen- oder Orangenschale entspricht dabei einer Frucht.

***... mein Kuchen oder Auflauf oben bereits braun oder schwarz wird, obwohl die Backzeit noch nicht abgelaufen ist?***

Jeder Ofen ist anders und es kann deutliche Temperaturunterschiede geben. Wenn du bemerkst, dass das Essen an der Oberfläche schon etwas zu dunkel wird, kannst du eine Schicht Backpapier oder Alufolie zum Schutz darüberlegen. Zusätzlich kannst du den Ofen um 10–20 °C runterstellen.

***... ich Zwiebeln schneide und mir die Tränen kommen?***

Die reizenden Stoffe aus der Zwiebel suchen sich immer die nächstgelegene Flüssigkeit – deswegen tränen unsere Augen so schnell. Du kannst dem entgehen, indem du einen großen Schluck Wasser in den Mund nimmst, während du die Zwiebeln schneidest. Wenn du dich zusätzlich absichern möchtest, kannst du Einmalhandschuhe tragen. Dann hast du keine Zwiebelflüssigkeit an den Händen und deine Augen sind doppelt geschützt, solltest du dir aus Versehen einmal ins Gesicht fassen. Nach dem Zwiebelschneiden immer gründlich die Hände waschen.

***... mein Essen zu scharf geworden ist?***

Du kannst etwas Süße in Form von Zucker, Agavendicksaft oder Honig zu deinem Essen geben.

Fett bindet die Schärfe auch gut – tolle Optionen sind hier Mascarpone oder Sahnejoghurt. Je höher der Fettgehalt, desto besser.

***... ich mir nicht sicher bin, ob das Ei noch frisch ist?***

Dafür brauchst du nur ein mit kaltem Wasser gefülltes Glas. Lege das Ei hinein und beobachte, welche Position es einnimmt. Liegt es am Boden des Glases, ist es sehr frisch. Stellt es sich leicht auf, ist es ein paar Tage alt. Sollte das Ei senkrecht stehen, ist es ca. 3 Wochen alt und wenn es an der Oberfläche schwimmt und hochsteigt, ist es leider zu alt und sollte entsorgt werden.

***... ich keine Küchenwaage besitze?***

Eine Küchenwaage ist immer noch am besten geeignet, wenn es um präzise Mengenangaben geht, aber mit ein paar anderen Hilfsmitteln kannst du dir in der Not auch behilflich sein.

Die meisten Messbecher haben am Rand Markierungen für Gramm und Milliliter. Damit lassen sich Lebensmittel wie Mehl, Zucker, Wasser und Öl bestimmen. Mit anderen Produkten wie z. B. Mandeln oder Frischkäse wird es da aber schon schwieriger.

Alternativ kannst du mit einem Ess- und/oder Teelöffel arbeiten. 1 Esslöffel entspricht 15 ml Flüssigkeit, 15 g Butter, 10 g Mehl, 10 g Zucker und 10 g Nüssen. 1 Teelöffel entspricht 5 ml Flüssigkeit, 5 g Butter, 3 g Mehl, 3 g Zucker und 4 g Nüssen.

Bei langen Wanderungen über Berg und Tal, Streifzügen durch den Märchenwald oder nach einem aufregenden Tag bei Hofe meldet sich oft der kleine Hunger und eine köstliche Mahlzeit könnte nicht gelegener kommen. Ob herzhafte Hefekugeln mit Käse, ein cremiger Dip mit Brot oder frisch gebackene Spinatwaffeln – hier wird jeder fündig, der herzhafte Kleinigkeiten und Vorspeisen schlemmen möchte.

# Wunderbare Kleinigkeiten und Vorspeisen

**Tipp**
Schmeckt auch super mit Basilikum- oder Ricotta-Walnuss-Pesto.

# Jorinde und Joringel

*Es waren einmal Jorinde und Joringel, die hatten sich einander versprochen und gingen sehr froh zusammen durch den Wald. Auf einmal wurde ihnen komisch zumute, und sie wussten nicht, wie ihnen geschah. Plötzlich verwandelte sich Jorinde in eine Nachtigall, und ein altes Weib erschien und nahm den Vogel mit. Joringel flehte die Hexe an, sie freizulassen, aber alles half nichts. Da ging er fort und begann, Schafe zu hüten. Des Nachts träumte er von einer roten Blume mit einer Perle in der Mitte. Die Blume hatte die Kraft, alles, was verwandelt worden war, wieder zu befreien. Am nächsten Tag machte er sich sofort auf, um diese Blume zu finden …*

*Frei nach einem Märchen der Gebrüder Grimm*

## Rote Pesto-Rose mit Aioli

***Vorbereitung:*** 5 Min. ✦ ***Ruhen:*** 55 Min. ✦ ***Zubereitung:*** 20 Min. ✦ ***Backen:*** 20 Min.

***Für 8 Portionen***

***Für den Hefeteig***
- 300 ml lauwarmes Wasser
- 1 Würfel frische Hefe
- 600 g Mehl + mehr für die Arbeitsfläche
- ½ TL Zucker
- 2 TL Salz
- 50 g neutrales Öl + mehr zum Einpinseln der Form

***Für die Füllung***
- 200 g rotes Pesto

***Für die Aioli***
- 250 ml Mayonnaise
- 2 Knoblauchzehen
- Saft von ½ Bio-Zitrone
- Salz
- Pfeffer

***Sonstiges***
- Boden einer Springform (Ø 26 cm)

1. Das lauwarme Wasser in eine kleine Schüssel gießen, die Hefe hineinbröseln und darin auflösen.
2. Mehl, Zucker, Salz und Öl in eine große Schüssel geben und in die Mitte eine Mulde drücken. Hefewasser in die Mulde gießen und Hefe abgedeckt an einem warmen Ort 15 Minuten gehen lassen.
3. Danach die Zutaten einmal gründlich mit dem Handmixer durchkneten und Teig abgedeckt weitere 30 Minuten gehen lassen, bis sich das Volumen etwa verdoppelt hat.
4. Den Boden der Springform mit Öl einpinseln. Ein Stück Backpapier passend zuschneiden und darauflegen. Auch das Backpapier mit Öl bestreichen.
5. Den Backofen auf 200 °C Ober-/Unterhitze vorheizen.
6. Den Hefeteig mit der Hand einmal durchkneten und in 3 gleich große Stücke teilen. Auf der bemehlten Arbeitsfläche jeden Teigling zu einem Fladen von 26 cm Durchmesser ausrollen. Den ersten Fladen auf den Springformboden legen. Eventuell an den Rändern noch etwas zurechtziehen, sodass der Fladen so rund wie möglich ist. 100 g Pesto mit einem Messer daraufstreichen. Den nächsten Fladen darauflegen und das restliche Pesto darauf verteilen. Dann den dritten Fladen auflegen.

▶

7. In die Mitte der obersten Teigschicht ein Glas stellen, damit die Teigstücke verbunden bleiben. Mit einem Messer den Teig um das Glas herum in 16 gleich große Stücke einschneiden. Immer 2 Stränge nehmen und gegeneinander zweimal nach außen drehen. Teig weitere 10 Minuten ruhen lassen.
8. Dann Blech auf der mittleren Schiene in den Ofen stellen und Rose 20 Minuten backen.
9. Herausnehmen und auf einem Gitter abkühlen lassen.
10. Währenddessen die Aioli zubereiten. Dazu die Mayonnaise in eine kleine Schüssel füllen. Die Knoblauchzehen schälen, fein hacken und zur Mayonnaise geben. Zitronensaft einrühren und Aioli mit Salz und Pfeffer abschmecken.
11. Pesto-Rose zusammen mit der Aioli servieren. Die einzelnen Stränge können abgetrennt werden und eignen sich gut zum Dippen.

# Das Gänseblümchen

*Es war einmal ein Gänseblümchen, das wuchs in dem schönsten grünen Grase, das man je gesehen hatte. Die Wiese, auf der es lebte, grenzte an ein hübsches Landhaus, und es war umringt von anderen prächtigen Blumen. Eines Morgens wurde es von der Sonne geweckt und begann alsbald sein gelbes Gewand mit den weißen strahlenden Blüten der Sonne entgegenzustrecken. So strahlte es beinahe genauso hell wie die Sonne selbst. Das Gänseblümchen könnte nicht glücklicher sein und lauschte dem Singen der Lerche an diesem wunderbaren Tag …*

*Frei nach einem Märchen von Hans Christian Andersen*

## Sommerrollen mit Erdnuss-Dip

***Ruhen:*** 10 Min. ✦ ***Zubereitung:*** 45 Min.

***Für 4 Portionen***

***Für den Dip***

70 g Datteln
1 Bio-Limette
70 g Erdnussbutter
2 EL Sojasoße
1 EL Srirachasoße

***Für die Sommerrollen***

150 g Reisnudeln
200 g Tofu natur
2 EL Sesamöl
3 EL Sojasoße
Salz
Pfeffer
½ Salatgurke
2 Karotten
1 gelbe Paprika
1 Mango
12 Stück Reispapier (rund)

1. Datteln in eine kleine Schüssel geben, mit 70 ml kochendem Wasser übergießen und 10 Minuten stehen lassen.
2. Für die Sommerrollen die Reisnudeln nach Packungsangabe kochen.
3. Den Tofu leicht ausdrücken und dann in feine Streifen schneiden. Eine Pfanne mit dem Sesamöl auf mittlerer Stufe erhitzen und die Streifen darin von beiden Seiten anbraten. Mit Sojasoße ablöschen und mit Salz und Pfeffer abschmecken.
4. Salatgurke waschen, putzen, halbieren, dann der Länge nach in dünne Scheiben und anschließend in feine Stifte schneiden. Karotte putzen, schälen und in feine Stifte schneiden. Die Paprika waschen, putzen und ebenfalls in feine Stifte schneiden. Die Mango waschen, schälen und das Fruchtfleisch nah am Kern abtrennen. Anschließend in feine Streifen schneiden.
5. Für den Dip die Limette heiß abwaschen, die Schale fein abreiben und beiseitestellen. Dann die Limette halbieren und den Saft auspressen. Die Datteln mit dem Wasser in einen Mixer geben. Erdnussbutter, Soja- und Srirachasoße, Limettenabrieb und -saft hinzufügen und so lange pürieren, bis eine cremige Soße entstanden ist. In eine Schüssel umfüllen und in die Tischmitte stellen.

▶

6. Kaltes Wasser in eine Schale füllen, die mindestens den Durchmesser des Reispapiers hat. Jedes Reispapier kurz darin einweichen und dann auf einen flachen Teller legen. Nacheinander die vorbereiteten Zutaten horizontal daraufschichten. Pro Zutat maximal 1 knappe Handvoll, sonst wird die Sommerrolle zu voll. Die seitlichen Ränder über die Füllung einschlagen, dann den unteren Rand darüberfalten und das Blatt nach oben hin aufrollen, bis die Rolle komplett geschlossen ist. Vorgang mit allen Reispapierblättern wiederholen.
7. Rollen auf Teller legen, in den Dip tunken und genießen.

## Tipp

Zum Füllen der Sommerrollen eignen sich auch gehackte Erdnüsse, Koriander, Süß-Sauer-Soße oder gekochter grüner Spargel.

# Der Tannenbaum

*Es war einmal ein sehr kleiner Tannenbaum, der stand in einem Wald. Er hatte einen tollen Platz mit viel Sonne und guter Luft. Um ihn herum gab es viel größere Tannen und auch Fichten. Sein sehnlichster Wunsch war es, so groß zu werden wie die Bäume neben ihm. Dann würde seine Krone in den Himmel ragen und er könnte den Vögeln beim Fliegen zusehen …*

*Frei nach einem Märchen von Hans Christian Andersen*

## Hefe-Tannenbaum mit Käsefüllung

***Vorbereitung:*** 5 Min. ✦ ***Ruhen:*** 4–5 Std. ✦ ***Zubereitung:*** 20 Min. ✦ ***Backen:*** 15 Min.

***Für 1 Tannenbaum***

***Für den Hefeteig***
500 g Mehl
1 gestr. TL Salz
300 ml lauwarmes Wasser
½ Würfel frische Hefe

***Für die Füllung***
24 kleine Mozzarellabällchen (2 Packungen à 125 g)

***Für die Glasur***
1 Eigelb
1 EL gesalzene Butter
getrocknetes Basilikum

**Tipp**
Statt der Butter eignen sich auch Knoblauch- oder Chiliöl zum Bestreichen.

1. Für den Hefeteig das Mehl zusammen mit dem Salz in eine große Schüssel geben und eine Mulde in die Mitte drücken. Das lauwarme Wasser in eine kleine Schüssel gießen, die Hefe hineinbröseln und unter Rühren auflösen. Das Hefewasser in die Mulde gießen und Hefe 10 Minuten zugedeckt gehen lassen.
2. Anschließend die Zutaten mit dem Handmixer gründlich vermengen, bis ein homogener Teig entstanden ist. Mit einem Küchentuch bedeckt mindestens 4 Stunden an einem zimmerwarmen Ort gehen lassen, bis sich das Volumen verdoppelt hat.
3. Den Teig nach der Ruhezeit kräftig mit der Hand durchkneten. Wenn er zu klebrig ist, Mehl zufügen. Den Backofen auf 200 °C Umluft vorheizen und ein Backblech mit Backpapier auslegen.
4. Den Teig in 24 Portionen teilen, jeweils 1 Mozzarellabällchen in die Mitte setzen und den Teig um den Mozzarella herum zu einer Kugel formen. Auf dem Backblech aus den Teigkugeln einen Baum bilden: dafür mit 1 Kugel als Spitze starten und dann in jeder weiteren Reihe 1 Kugel dazulegen (2 Kugeln, 3 Kugeln … bis in der letzten Reihe 6 Kugeln nebeneinanderliegen). Die letzten 3 Kugeln als Baumstamm unten anfügen.
5. Das Eigelb in einer Tasse mit einer Gabel verquirlen und den Tannenbaum damit bestreichen. Blech auf der mittleren Schiene in den Ofen schieben und Baum 15 Minuten backen.
6. Tannenbaum aus dem Ofen nehmen und noch warm mit der Butter bestreichen und mit den Kräutern bestreuen.

# Die Alte im Wald

*Es war einmal ein armes Dienstmädchen, das mit ihrer Herrschaft durch einen Wald fuhr. Da wurde die Gruppe überfallen und das Mädchen blieb allein im Wald zurück. Es war ganz verzweifelt und wusste nicht, wie es etwas zu essen finden sollte. Als es sich unter einen Baum setzte, kam plötzlich ein weißes Täubchen herbeigeflogen mit einem goldenen Schlüssel im Schnabel. Es sagte zu dem Mädchen: »Dort in dem Baum ist ein Schloss. Wenn du den Schlüssel hineinsteckst, wirst du Speis und Trank finden und nicht mehr Hunger leiden.« Das Mädchen tat wie ihm geheißen und entdeckte Weißbrot und Milch inmitten des Baumes und konnte sich nun daran satt essen ….*

*Frei nach einem Märchen der Gebrüder Grimm*

## Herzhafte Arme Ritter

***Zubereitung:*** 15 Min.

***Für 2 Portionen***

1 Bund Schnittlauch
2 Eier (Größe M)
150 ml Milch
Salz
Pfeffer
1 Msp. Knoblauchpulver
4 Scheiben Toastbrot
4 TL Butter
4 EL Frischkäse (Doppelrahmstufe)

1. Den Schnittlauch waschen, in feine Ringe schneiden und beiseitestellen.
2. Die Eier mit der Milch und den Gewürzen in eine Schüssel geben und mit dem Schneebesen kräftig verquirlen.
3. Eine Pfanne auf mittlerer Stufe erhitzen und 1 TL Butter darin schmelzen. 1 Toastscheibe von beiden Seiten in die Milch-Ei-Mischung tunken, etwas abtropfen lassen und in der Pfanne von beiden Seiten goldbraun ausbacken. Den Vorgang noch 3 Mal wiederholen.
4. Jede gebratene Toastscheibe mit 1 EL Frischkäse bestreichen und mit Schnittlauchröllchen bestreuen.

### Tipp

Die Armen Ritter schmecken auch toll mit Paprikafrischkäse und frischen Tomaten. Dafür pro Toastscheibe 2 Cocktailtomaten halbieren und die Frischkäseschicht damit belegen.

# Die Gänsehirtin

*Es war einmal eine alte Frau, die lebte mit einer Herde Gänse einsam in einem kleinen Haus. Jeden Morgen ging sie los in den Wald, um Gras für die Gänse zu sammeln. Sie packte die Unmengen an saftigem Gras auf ihren Rücken, dass man meinte, sie müsse darunter untergehen, aber sie war stets voller Glück und brachte es ohne Leid nach Hause. Wenn die Leute an ihr vorbeigingen, waren sie verwundert, aber die alte Frau antwortete: »Seid gegrüßt, ja, ihr fragt euch wahrscheinlich, warum ich all das Gras trage, aber das Wetter ist schön und irgendwer muss es ja machen.«*

*Frei nach einem Märchen der Gebrüder Grimm*

## Grüne Waffeln mit Guacamole und Spiegelei

***Zubereitung:*** 20 Min.

***Für 2 Portionen***

***Für das Topping***
- 1 Töpfchen Kresse
- 1 Avocado
- Saft von ½ Bio-Zitrone
- Salz
- Pfeffer

***Für die Waffeln***
- 60 g frischer Babyspinat
- 100 g Dinkelmehl
- 1 EL Speisestärke
- 1 Msp. Backpulver
- Salz
- Pfeffer
- Öl oder Butter

***Für die Spiegeleier***
- etwas Öl
- 2 Eier (Größe M)

***Sonstiges***
- Waffeleisen

1. Die Kresse abschneiden, waschen und beiseitestellen. Die Avocado halbieren, den Kern entfernen und mit einem Löffel das Fruchtfleisch aus beiden Hälften herauslösen. Fruchtfleisch in eine Schüssel geben und mit einer Gabel zerdrücken. Zitronensaft untermischen und Guacamole mit Salz und Pfeffer abschmecken.
2. Spinat gründlich waschen und mit 100 ml Wasser in einem Mixer pürieren.
3. Dinkelmehl, Speisestärke und Backpulver in einer Schüssel vermengen. Die Spinatmasse unterheben und alles zu einem homogenen Teig verrühren. Mit Salz und Pfeffer abschmecken.
4. Das Waffeleisen aufheizen und ggf. mit etwas Öl oder Butter einpinseln. Jeweils 2 EL Teig in das Eisen geben und zu 1 Waffel ausbacken. Die Waffeln sind dann fertig, wenn sie sich von allein vom Eisen lösen. Insgesamt ergibt das 4 Waffeln.
5. Parallel zum Waffelbacken etwas Öl in einer Pfanne erhitzen und aus den Eiern Spiegeleier braten.
6. Jeweils 2 Waffeln aufeinanderstapeln, mit Guacamole bestreichen, 1 Spiegelei daraufsetzen und mit Kresse toppen.

# Das hässliche Entlein

*Es war einmal eine Ente, die brütete zwischen vielen Blättern am Wasser auf einem Nest und wartete darauf, dass ihre Kinder schlüpfen würden. Ihr war schon beinahe langweilig, da zersprangen nacheinander die Eier und mit einem »Piep, piep, piep« kletterten die kleinen Entlein nacheinander aus den Schalen und erkundeten die neue Welt um sich herum. Auf einmal stutzte die Ente, denn ein Ei war noch ganz, es war zugleich auch das größte. Sie setzte sich also wieder darauf, um weiter zu brüten. Nach einer Ewigkeit zerbarst endlich auch diese Schale und ein riesiges Entlein schlüpfte. Es sah aber ganz anders aus und hatte hässliches graues Gefieder statt gelbes wie seine Geschwister. Da war die Ente ganz verwundert …*

*Frei nach einem Märchen von Hans Christian Andersen*

## Gefüllte Nudelnester

***Zubereitung:*** 15 Min. ✦ ***Backen:*** 25 Min.

***Für 12 Stück***

Butter für das Muffinblech
Semmelbrösel
12 Suppennudelnester
12 Cocktailtomaten
300 g Sahne
3 Eier (Größe M)
Salz
Pfeffer
geriebene Muskatnuss
100 g Basilikumpesto
12 kleine Mozzarellabällchen (1 Packung à 125 g)
150 g Reibekäse

***Sonstiges***

Muffinblech

1. Die Mulden eines Muffinblechs mit Butter einfetten und die Semmelbrösel gleichmäßig darin verteilen, sodass der Boden und die Ränder gut damit bedeckt sind. Überschüssige Semmelbrösel entfernen.
2. Die Nudelnester auf die 12 Mulden verteilen, dabei darauf achten, dass die eher flache Seite nach oben zeigt. In die Mitte der Nester jeweils eine Mulde mit dem Durchmesser einer Walnuss drücken. Die Nudelbrösel fallen automatisch nach unten. Die Mulde sollte groß genug sein, damit Füllung hineinpasst.
3. Den Backofen auf 220 °C Ober-/Unterhitze vorheizen.
4. Die Tomaten waschen und je nach Größe vierteln oder halbieren.
5. Sahne, Eier und Gewürze in eine Schüssel geben und mit dem Schneebesen verquirlen.
6. Das Pesto gleichmäßig in die Mulden in den Nestern verteilen, dann jeweils 1 Mozzarellabällchen hineinsetzen und Tomatenstücke dazugeben. Anschließend die Sahne-Ei-Mischung gleichmäßig darübergießen und mit Reibekäse bestreuen.
7. Die Nester auf der mittleren Schiene 25 Minuten im Ofen backen.

## Tipp

Statt der Cocktailtomaten kann man auch 12 kleine Champignons zum Füllen verwenden. Pilze dann sauber bürsten und vierteln und wie die Tomaten weiterverarbeiten.

# Daumerlings Wanderschaft

*Es war einmal ein Schneider, der hatte einen Sohn, der war nicht größer als ein Daumen, deswegen trug er auch den Namen Daumerling. Er war für seine Größe aber sehr mutig und beschloss eines Tages, in die Welt hinauszugehen, um auch die Wanderschaft zu durchleben, die ein Schneider einmal in seinem Leben erlebt haben sollte. Er fand alsbald einen Meister und es gefiel ihm gut, jedoch das Essen sagte ihm nicht zu. Da drohte er dem Meister, dass, wenn das Essen nicht besser werde, er dann an die Haustür schriebe: »Von den Kartoffeln zu viel, vom Fleisch zu wenig, ihr seid wohl der Kartoffelkönig!«*

*Frei nach einem Märchen der Gebrüder Grimm*

## Parmesan-Kartoffel-Wedges mit Kräuter-Dip

***Zubereitung:*** 30 Min. ✦ ***Ruhen:*** 5 Min.

***Für 4 Portionen***

***Für die Wedges***
- 1200 g Kartoffeln
- 60 g geriebener Parmesan
- 50 g Semmelbrösel
- Salz
- Pfeffer
- 4 EL Olivenöl

***Für den Dip***
- 10 g frische Petersilie
- 10 g frisches Basilikum
- ½ Bio-Zitrone
- 2 Knoblauchzehen
- 1 Ei (Größe M)
- 2 TL Senf
- 200 ml neutrales Pflanzenöl
- Salz
- Pfeffer

1. Den Backofen auf 200 °C Ober-/Unterhitze vorheizen.
2. Kartoffeln waschen und mit der Schale in Spalten schneiden. Die Spalten 5 Minuten in eine große Schüssel mit Wasser legen. Danach in ein Sieb abgießen und mit Küchenpapier gut trocken tupfen. Die Spalten wieder in die leere, trockene Schüssel füllen.
3. Parmesan in einer Schüssel mit den Semmelbröseln, Salz und Pfeffer vermengen. Parmesanmischung mit dem Olivenöl zu den Spalten geben und gut vermischen.
4. Ein Backblech mit Backpapier auslegen und die Kartoffelspalten darauf verteilen. Auf der mittleren Schiene in den Ofen schieben und 15 Minuten backen.
5. Währenddessen für den Dip die Petersilie und das Basilikum waschen, trocken schütteln und fein hacken. Die Zitrone auspressen. Den Knoblauch schälen und hacken.
6. Ei, Senf, Zitronensaft und Knoblauch in ein Rührgefäß füllen und mit dem Pürierstab gründlich mixen. Das Pflanzenöl langsam dazugeben und mit einer leichten Auf- und Abbewegung einarbeiten. Zuletzt die Kräuter unterheben und Dip mit Salz und Pfeffer abschmecken.
7. Spalten zusammen mit dem Dip servieren.

# Strohhalm, Kohle und Bohne

*Es war einmal eine alte Frau, die hatte ein paar Bohnen gesammelt, um sie zu essen. Um das Wasser zum Kochen zu bringen, zündete sie einen Bund Stroh an und legte Kohlen dazu. Als sie mit dem Zubereiten begann, fiel eine einzelne Bohne statt in den Topf auf den Boden. Dort sah die Bohne sich um und entdeckte ein Kohlestück und einen einzelnen Strohhalm. Der Strohhalm sagte: »Ei, bin ich froh, dass ich entkommen bin. Ich hätte beinahe Feuer gefangen.« »Ich auch«, entgegnete das Kohlestück. »Fast wäre von mir nur noch ein Häufchen Asche übriggeblieben.« »Mir tut es leid um meine Brüder und Schwestern, die jetzt zu Brei gekocht werden«, warf die Bohne ein. Die drei beschlossen, sich zu verbünden und auf Wanderschaft in die weite Welt zu gehen, denn da wartete bestimmt ein besseres Leben auf sie …*

*Frei nach einem Märchen der Gebrüder Grimm*

## Bohnen-Dip

***Zubereitung:*** 20 Min.

***Für 2 Portionen***

1 Bio-Zitrone
3 Knoblauchzehen
4 Zweige frischer Rosmarin
400 g weiße Bohnen (Dose)
4 EL Olivenöl
½ TL Chiliflocken
Salz
Pfeffer
400 g Ciabatta

1. Die Zitrone heiß abwaschen, abtrocknen, dann die Schale abreiben und die Frucht auspressen.
2. Den Knoblauch schälen und hacken. Den Rosmarin waschen, trocken schütteln, die Nadeln abzupfen und ebenfalls fein hacken. Die Bohnen in ein Sieb abgießen und abtropfen lassen.
3. Olivenöl in einer Pfanne auf mittlerer Stufe erhitzen und Knoblauch und Rosmarin darin 3 Minuten braten. Zitronenschale und Bohnen dazugeben und kurz in der Pfanne erwärmen, dabei mehrmals durchrühren.
4. Den Pfanneninhalt in einen Mixer geben und zu einem feinen Mus pürieren. Mus in eine Schüssel umfüllen und mit Zitronensaft, Chiliflocken, Salz und Pfeffer abschmecken.
5. Das Ciabatta in ca. 1 cm dicke Scheiben schneiden und toasten (alternativ in einer Pfanne braten). Dip zusammen mit dem Brot servieren.

*Die Felder in den Ländereien von Königen und Königinnen werden von fleißigen Bauern bestellt und die Ernte schenkt eine wunderbare Bandbreite an Getreide, Obst und Gemüse. Daraus lassen sich leckere Salate, Suppen, Flammkuchen und Bowls zaubern, die bunt an Farben und voller Geschmacksexplosionen sind!*

# Magische Salate, Suppen und leichte Gerichte

# Der Buchweizen

*Es war einmal ein großer Acker, auf dem standen mehrere Kornreihen. Prächtige Gerste, Roggen und Hafer streckten ihre Halme und Körner gen Himmel. Und dann gab es noch den Buchweizen, der schwarz angesengte Spitzen hatte und nach einem Gewitter alles von seinem stolzen Antlitz verloren hatte. Warum das geschehen war? Der Buchweizen war sich sicher gewesen, das prächtigste Korn im ganzen Land zu sein, und als das Unwetter herbeizog und sich alle anderen Pflanzen zurückzogen, um sich zu schützen, blieb der Buchweizen aufrecht stehen, da alle Welt sehen sollte, wie prächtig er war. Er war zu töricht und beugte sich nicht der Ehrfurcht gebietenden Naturgewalt. Da senkte sich ein Blitz vom Himmel auf ihn nieder und versengte alle Ähren, bis sie nur noch schwarz und verkohlt waren …*

*Frei nach einem Märchen von Hans Christian Andersen*

## Buchweizen-Gemüse-Pfanne

***Zubereitung:*** 45 Min.

***Für 4 Portionen***

200 g Buchweizen
250 ml Wasser
1 TL Gemüsebrühepulver
2 rote Paprika
200 g Brokkoliröschen (TK oder frisch)
8 Champignons
1 Zucchini
1 rote Zwiebel
2 Knoblauchzehen
etwas Pflanzenöl
100 ml Weißwein
Salz
Pfeffer
1 TL edelsüßes Paprikapulver
1 TL Currypulver
geriebener Parmesan
Saft von 1 Bio-Limette

1. Den Buchweizen in ein Sieb geben und unter fließendem Wasser abspülen, bis das Wasser klar durchläuft.
2. Buchweizen mit dem Wasser und dem Gemüsebrühepulver in einen Topf geben und einmal aufkochen lassen, dann die Temperatur reduzieren. Den Deckel auflegen und Buchweizen bei geringer Hitze ca. 20 Minuten köcheln lassen. Wenn danach noch Wasser im Topf ist, dieses abgießen und Buchweizen bei geschlossenem Deckel noch etwas ruhen lassen.
3. Gemüse waschen, putzen und in kleine Würfel schneiden. Zwiebel und Knoblauch schälen und fein hacken. Pflanzenöl in einer Pfanne erhitzen und Zwiebel und Knoblauch darin glasig dünsten. Die Pilze dazugeben und 5 Minuten braten. Das restliche Gemüse untermischen und weitere 5 Minuten braten. Mit dem Weißwein ablöschen und 5 Minuten ziehen lassen.
4. Zum Schluss den Buchweizen und die Gewürze unterrühren und 5 Minuten garen. Vor dem Servieren mit Parmesan bestreuen und mit etwas Limettensaft beträufeln.

# Der Wolf und die sieben Geißlein

*Es war einmal eine alte Ziege, die hatte sieben junge Geißlein. Eines Tages musste sie das Haus verlassen, um im Wald Futter holen zu gehen. Bevor sie zur Tür hinausging, warnte sie ihre Geißlein vor dem bösen Wolf. »Nehmt euch vor diesem Bösewicht in Acht. Er wird versuchen, euch zu überlisten und anschließend zu fressen. Ihr erkennt ihn an seiner rauen Stimme und den schwarzen Füßen.« Die Geißlein versprachen, gut aufzupassen und sich zu merken, was die Mutter ihnen gesagt hatte. Alsbald klopfte es an der Tür …*

*Frei nach einem Märchen der Gebrüder Grimm*

## Feldsalat mit paniertem Ziegenkäse

***Zubereitung:*** 20 Min.

***Für 2 Portionen***

***Für den Salat***

1 Karotte
4 Radieschen
20 g Pinienkerne
50 g Mehl
90 ml Wasser
50 g Semmelbrösel
1 Prise Salz
1 Ziegenkäserolle à 150 g
7 EL Öl
1 Apfel
100 g Feldsalat

***Für das Dressing***

1 EL Honig
4 EL heller Balsamico
1 EL scharfer Senf
4 EL Wasser
Salz
Pfeffer

1. Die Karotte schälen, die Radieschen waschen, beides putzen und in kleine Würfel schneiden.
2. Die Pinienkerne in einer Pfanne ohne Zugabe von Öl rösten, bis sie eine braune Färbung bekommen haben. Beiseitestellen.
3. In einem tiefen Teller das Mehl mit dem Wasser zu einem glatten Teig verrühren. Semmelbrösel und Salz in einem zweiten tiefen Teller mischen. Die Ziegenkäserolle in 6 gleich große Taler schneiden. Käsetaler zuerst im Teig und dann in den Semmelbröseln wenden. In einer großen Pfanne 6 EL Öl bei mittlerer bis hoher Temperatur erhitzen und die panierten Taler darin 2 Minuten pro Seite goldbraun anbraten. Aus der Pfanne nehmen und etwas abkühlen lassen.
4. Apfel waschen, vierteln, entkernen und in 12 Spalten schneiden. Das restliche Öl in einer Pfanne erhitzen und die Apfelspalten darin 3 Minuten von beiden Seiten braten.
5. Feldsalat waschen, verlesen und in eine große Schüssel geben. Karotten und Radieschen unterheben.
6. Alle Zutaten für das Dressing in einer Schüssel vermengen und über den Salat gießen.
7. Den Salat auf 2 Tellern anrichten, mit Apfelspalten und Pinienkernen belegen und jeweils 3 Taler dazugeben.

# Das Märchen von der Unke

*Es war einmal ein kleines Kind, dem gab seine Mutter jeden Tag ein Schüsselchen Milch, und das Kind setzte sich damit in den Hof. Wenn es anfing zu trinken, kam die Hausunke aus einer Mauerritze gekrochen, senkte ihr Köpfchen in die Milch und trank mit. Das Kind hatte eine große Freude daran und jedes Mal, wenn die Unke nicht sofort kam, rief es nach ihr. Da kam die Unke schnell gelaufen und ließ es sich schmecken. Zum Dank brachte die Unke immer Schätze mit wie glänzende Steine, Perlen und goldene Spielsachen …*

*Frei nach einem Märchen der Gebrüder Grimm*

## Milchsuppe mit Chilibutter

***Zubereitung:*** 20 Min.

***Für 2 Portionen***

700 ml Milch
100 g Jasminreis
Salz
Pfeffer
80 g Butter
4 TL Chiliflocken
100 g Ciabattabrot
Saft von 1 Bio-Limette

*1.* Milch und Reis in einen Topf geben und bei mittlerer Hitze 20 Minuten köcheln lassen, bis der Reis gar ist. Mit Salz und Pfeffer würzen.

*2.* Währenddessen 60 g Butter in einem kleinen Topf zerlassen. Chiliflocken dazugeben und bei niedriger Temperatur 2 Minuten rösten. Zur Seite stellen.

*3.* Ciabattabrot in Scheiben schneiden. Die restliche Butter in einer Pfanne erhitzen und die Brotscheiben von beiden Seiten ca. 3 Minuten anbraten.

*4.* Suppe mit der Chilibutter und dem Limettensaft beträufeln und mit den Ciabattascheiben servieren.

## Tipp

Alternativ zu den Chiliflocken kannst du auch 1–2 Knoblauchzehen fein hacken und zu der Butter dazugeben. Optional kann man frische Frühligszwiebelringe als Topping vor dem Servieren daraufstreuen.

# Rumpelstilzchen

*Es war einmal ein Müller. Der war arm, hatte aber eine schöne Tochter. Um an mehr Ansehen zu kommen, erzählte er eines Tages dem König, dass seine Tochter Stroh zu Gold spinnen könne. Dem König gefiel das, und er wollte das Mädchen auf die Probe stellen. Er schloss sie in eine Kammer voller Stroh ein und drohte ihr: Sollte am nächsten Morgen nicht alles voller Gold sein, würde es ihr schlecht ergehen. Die Tochter war verzweifelt, denn sie wusste nicht, wie sie das anstellen sollte. Da kam plötzlich ein kleines Männchen zu ihr und versprach, das Gold zu spinnen, wenn sie ihm ihre Halskette schenkte. Die Tochter willigte ein und das Männchen machte sich an die Arbeit. Es zog dreimal an der Schnur und schon war die Spule voller Gold. Da nahm es sich den nächsten Ballen Stroh und am Morgen war die ganze Kammer bis zur Decke hin voller Gold. Die Tochter ahnte nicht, dass sie dem Rumpelstilzchen begegnet war …*

*Frei nach einem Märchen der Gebrüder Grimm*

## Goldene Suppe mit Käsebaguette

***Vorbereitung:*** 10 Min. ✦ ***Garen:*** 30 Min. ✦ ***Backen:*** 15 Min.

***Für 2 Portionen***

***Für die Suppe***

350 ml Wasser
2 EL Gemüsebrühepulver
1 Karotte
1 Hokkaidokürbis
1 Zwiebel
1 Knoblauchzehe
1 EL Butter
1 Handvoll Basilikumblätter
100 g Schmand
Salz
Pfeffer
Balsamicocreme

1. Wasser in einem Topf erhitzen und das Gemüsebrühepulver einrühren. Topf zur Seite stellen.
2. Karotte schälen, putzen und klein würfeln. Den Kürbis waschen, halbieren, die Kerne entfernen und das Fruchtfleisch in kleine Würfel schneiden.
3. Zwiebel und Knoblauch abziehen und fein hacken.
4. In einem großen Topf die Butter erhitzen und Zwiebel und Knoblauch darin 5 Minuten anschwitzen. Kürbis- und Karottenwürfel dazugeben und weitere 3 Minuten braten. Danach mit der Gemüsebrühe ablöschen. Suppe abgedeckt 20 Minuten köcheln lassen, bis das Gemüse weich ist.
5. In der Zwischenzeit die Käsebaguettes zubereiten. Dazu den Backofen auf 220 °C Ober-/Unterhitze vorheizen.
6. Die Brötchen aufschneiden. In einer Schüssel Käse, Frischkäse und Gewürze vermengen und die Brothälften gleichmäßig damit bestreichen. Baguettes ca. 15 Minuten im Ofen backen, bis der Käse goldbraun geschmolzen ist.

▶

***Für die Käsebaguettes***

- 2 kleine Baguettebrötchen
- 100 g Reibekäse
- 100 g Frischkäse (Doppelrahmstufe)
- Salz
- Pfeffer
- 1 Msp. edelsüßes Paprikapulver

7. Währenddessen die Basilikumblätter waschen, trocken schütteln und in feine Streifen schneiden.
8. Schmand zur Suppe geben und diese mit einem Stabmixer cremig pürieren. Mit Salz und Pfeffer abschmecken.
9. Suppe in Schüsseln füllen, ein paar Spritzer Balsamicocreme darüberträufeln und mit den Basilikumstreifen garnieren. Käsebaguettes dazu reichen.

## Tipp

Statt des Kürbis kann man auch Kartoffeln nehmen. Ca. 1 Kilogramm Kartoffeln waschen, schälen, würfeln und dann, wie in Schritt 3 beschrieben, mit dem Rezept fortfahren.

# Von dem Mäuschen, Vögelchen und der Bratwurst

*Es waren einmal ein Mäuschen, ein Vögelchen und eine Bratwurst, die lebten harmonisch in Gesellschaft und führten einen gemeinsamen und wohlhabenden Haushalt. Das Vögelchen flog jeden Tag in den Wald und holte Holz, die Maus trug das Wasser, machte Feuer und deckte den Tisch und die Bratwurst war für das Kochen zuständig. Sie lebten ihr Leben in vollster Zufriedenheit und hatten es gut. Doch strebten sie auch nach Abenteuern und wollten mal etwas Neues erleben. Da kam ihnen die Idee, einmal reihum zu tauschen. Da ging die Bratwurst los in den Wald und holte Holz, das Vögelchen machte Feuer und die Maus stellte sich an den Herd. Die Bratwurst brauchte sehr lange und da flog das Vögelchen los, um zu sehen, was denn passiert sei. Da entdeckte es einen Hund, der versuchte, die Bratwurst zu verspeisen. Das Vögelchen kam zur Hilfe und ab da mussten sie neu überlegen, wie sie die Aufgaben verteilen sollten, denn so konnte es auch nicht weitergehen …*

*Frei nach einem Märchen der Gebrüder Grimm*

## Nudelsalat mit Bratwurst und Rucola

***Zubereitung:*** 35 Min.

***Für 4 Portionen***

300 g Tomaten
200 g Rucola
150 g Äpfel (z. B. Braeburn)
400 g Nudeln (z. B. Penne oder Farfalle)
Salz
5 EL Öl
4 weiße Bratwürste à 80–100 g
2 EL Zitronensaft
2 EL Weißweinessig
2 EL süßer Senf
Pfeffer
3 Frühlingszwiebeln

1. Tomaten waschen und vierteln. Stielansatz und Kerne entfernen und Fruchtfleisch in 1 cm große Würfel schneiden.
2. Rucola waschen und trocken schütteln.
3. Äpfel schälen, vierteln, entkernen und in 2 cm große Stücke schneiden.
4. Die Nudeln in einem Topf mit reichlich kochendem Salzwasser nach Packungsanweisung bissfest garen. Dann in ein Sieb abgießen und abtropfen lassen.
5. 2 EL Öl in einer Pfanne erhitzen und die Bratwürste darin in 6–8 Minuten rundherum braun braten. Auf Küchenpapier abtropfen lassen, dann in 5 mm dicke Scheiben schneiden.
6. Zitronensaft, Essig, Senf und das restliche Öl in einer Schüssel verrühren und mit Salz und Pfeffer abschmecken.

▶

7. Frühlingszwiebeln waschen, Wurzel unten abtrennen und in feine Ringe schneiden.
8. Nudeln, Tomaten, Rucola, Äpfel und Bratwurstscheiben in eine große Schüssel geben und mit dem Dressing vermischen.
9. Nudelsalat mit Salz und Pfeffer abschmecken und mit Frühlingszwiebelringen bestreut servieren.

## Tipps

Das Rezept kann einfach vegan oder vegetarisch abgewandelt werden. Dafür die Bratwürste mit einem pflanzlichen Ersatzprodukt austauschen.

Sollte etwas Nudelsalat übrigbleiben, kann man den Rest in eine gefettete Auflaufform geben und mit etwas Reibekäse für 10–15 Minuten bei 180 °C Umluft überbacken. Wenn der Käse goldbraun ist, ist der schnelle Nudelauflauf fertig.

# Der Krautesel

*Es war einmal ein junger Jäger, dem begegnete ein altes Mütterchen auf dem Weg im Wald, das bat ihn um ein paar Gulden, denn sie hatte weder Speis noch Trank und wollte sich davon etwas kaufen. Da der Jäger ein gutes Herz hatte, gab er ihr etwas von seinem Vermögen ab. Da sagte die alte Frau: »Weil du so ein gutes Herz hast, will ich dir ein Geschenk machen. Geh deines Weges und du wirst an einem Baum vorbeikommen, da sitzen neun Vögel und zanken um einen Mantel. Schieß einmal auf die Vögel und der Mantel wird herunterfallen. Und auch einer der Vögel. Der Mantel ist verzaubert. Zieh ihn an und du wirst an dem Ort landen, an den du denkst, wenn du ihn trägst. Und den Vogel musst du braten und essen, dann wirst du jeden Morgen unter deinem Kopfkissen ein Goldstück finden.« Der Jäger tat wie ihm geheißen und alles, was die Alte gesagt hatte, wurde wahr. Der Jäger wanderte durch die Welt mit Taschen voller Gold und kam zu einem Garten voller Kohlsorten. Er hatte so Hunger, dass er schnell von dem Kraut kosten wollte. Als er dies tat, wuchsen ihm plötzlich vier Beine und lange Ohren und er fand sich in der Gestalt eines Esels wieder …*

*Frei nach einem Märchen der Gebrüder Grimm*

## Blätterteigkissen mit Feta und Feldsalat

***Zubereitung:*** 15 Min. ✦ ***Backen:*** 15 Min.

***Für 2 Portionen***

***Für die Teigtaschen***

1 Packung Blätterteig (Kühlregal)
400 g Feta
1 TL edelsüßes Paprikapulver
Salz
Pfeffer
1 EL Olivenöl

1. Den Backofen auf 200 °C Umluft vorheizen. Ein Backblech mit Backpapier auslegen.
2. Den Blätterteig ausrollen, auf das Backblech legen und von der langen Seite halbieren.
3. Feta in eine Schüssel bröseln, mit einer Gabel zerdrücken und mit den Gewürzen und dem Olivenöl vermengen.
4. Jede Blätterteighälfte wiederum auf 1 Hälfte mit dem Schafskäse belegen, dann die freie Teigseite über die Füllung klappen. Mit einer Gabel die Ränder gut festdrücken, sodass 2 Kissen entstehen. Im Ofen auf der mittleren Schiene in 15 Minuten goldbraun backen.

▶

*Für den Salat*

150 g Feldsalat
6 große Champignons
etwas Öl
50 g Speckwürfel

*Für das Dressing*

4 EL Olivenöl
3 EL dunkler Balsamico
1 TL Blütenhonig

5. In der Zwischenzeit den Feldsalat waschen und trocken schütteln. Die Pilze säubern, in grobe Würfel schneiden und beiseitestellen. In einer Pfanne etwas Öl erhitzen und die Speckwürfel darin 3 Minuten anbraten. Dann die Pilze dazugeben und weitere 3 Minuten in der Pfanne garen.

6. Die Zutaten für das Dressing in einer Schüssel verrühren.

7. Je 1 Blätterteigkissen mit dem Feldsalat auf einem Teller anrichten. Speckwürfel und Pilze darübergeben und Salat mit dem Dressing beträufeln.

# Der Teufel mit den drei goldenen Haaren

*Es war einmal ein Junge, der ward als Glückskind geboren. Dem bösen König war er jedoch ein Dorn im Auge und er setzte das Kind in einer Schachtel in einem Fluss aus. Da der Junge aber ein Glückskind war, passierte ihm nichts und Bauersleute fanden ihn und nahmen ihn bei sich auf. Die Jahre gingen ins Land und der König ritt eines Tages bei den Bauersleuten vorbei und war verdutzt, als er einen Jüngling sah, den er nicht kannte. Da erzählten die Bauersleute, dass es ein Findelkind sei, und der König verstand, dass es das Glückskind von damals war. Er schickte den Jungen mit einem Brief los, in dem stand, dass er direkt eingesperrt werden solle, wenn er den Brief übergab. Durch eine gnädige Fügung aber wurde der Brief ausgetauscht und nun stand darin, dass der Jüngling, wenn er am Schloss einträfe, gleich mit der Königstochter vermählt werden solle, was auch geschah. Der König war darüber so erbost, dass er eine Bedingung stellte: Wenn der Jüngling mit seiner Tochter zusammensein wolle, müsse er zuerst in die Hölle zum Teufel hinabsteigen und diesem drei goldene Haare ausreißen …*

*Frei nach einem Märchen der Gebrüder Grimm*

## Goldene Glasnudelbowl mit feurigem Gemüse und Garnelen

***Zubereitung:*** 25 Min. ✦ ***Ruhen:*** 10 Min. ✦ ***Garen:*** 10 Min.

***Für 2 Portionen***

250 g Garnelen (geschält)
1 Knoblauchzehe
etwas Öl
100 g Glasnudeln
1 TL gemahlene Kurkuma
Salz
½ Blumenkohl
2 EL Olivenöl
Pfeffer

1. Die Garnelen abwaschen und mit Küchenpapier trocken tupfen.
2. Den Knoblauch schälen und klein hacken. In einer Pfanne etwas Öl erhitzen, den Knoblauch und die Garnelen zugeben und Garnelen von beiden Seiten goldbraun anbraten. Pfanne vom Herd nehmen.
3. Die Glasnudeln, Kurkuma und 1 Prise Salz in eine Schüssel geben und mit kochendem Wasser übergießen, bis die Nudeln gut damit bedeckt sind. 10 Minuten quellen lassen.
4. Blumenkohl putzen, waschen, in Röschen teilen und in Scheiben schneiden. Eine Pfanne mit dem Olivenöl auf mittlerer Stufe erhitzen und Blumenkohl darin ca. 10 Minuten unter gelegentlichem Wenden braten. Dabei mit Salz und Pfeffer würzen.

▶

1 Mini-Salatgurke
2 EL Sojasoße
1 EL Chiliflocken
1 EL Sesamöl
1 Avocado
1–2 EL gerösteter Sesam

5. Gurke putzen, waschen und in feine Scheiben schneiden. In einer Schüssel mit der Sojasoße, den Chiliflocken und dem Sesamöl vermischen.
6. Avocado schälen, den Kern entfernen und Fruchtfleisch in Spalten schneiden.
7. Glasnudeln in ein Sieb abgießen, abtropfen lassen und auf 2 Schüsseln verteilen.
8. Blumenkohl, Avocado, Gurkenscheiben und Garnelen darauf anrichten. Alles mit Sesam bestreuen.

## Tipps

Für eine vegane oder vegetarische Variante können die Garnelen mit pflanzlichen Nuggets oder einem Spiegelei getauscht werden.

Wer es schärfer mag, kann noch Sriracha-Mayonnaise als Topping darübergeben.

# Die Bremer Stadtmusikanten

*Es war einmal ein Mann, der hatte einen Esel. Dieser wurde jedoch immer älter und war für den Mann nicht mehr zu gebrauchen. Da lief der Esel vom Hof, um Schlimmerem zu entgehen, und zog in die Welt hinaus. Er wollte nach Bremen, um dort Musikant zu werden. Unterwegs traf er einen Hund, eine Katze und einen Hahn, die alle ihr eigenes Schicksal zu tragen hatten und nirgends dazugehörten. Auf ihrer Reise bekamen sie alsbald Hunger und entdeckten ein Häuslein, aus dem es köstlich roch. Sie stapelten sich der Größe nach aufeinander und spähten durch das Fenster. Sie erblickten einen Tisch voller leckerer Fladen und viel Wein. »Das wäre ideal für uns«, rief der Hahn erfreut. Die anderen stimmten lautstark zu …*

*Frei nach einem Märchen der Gebrüder Grimm*

## Tomaten-Lauch-Flammkuchen

***Zubereitung:*** 15 Min. ✦ ***Backen:*** 20 Min.

***Für 1 Flammkuchen***

100 g Tomaten
50 g Lauch
1 Schalotte
1 Packung fertiger Flammkuchenteig (rechteckig)
100 g Schmand
140 g Reibekäse
1 Eigelb
Salz, Pfeffer

1. Den Backofen auf 180 °C Umluft vorheizen.
2. Die Tomaten und den Lauch waschen und putzen. Tomaten würfeln, Lauch in Ringe schneiden und diese dann vierteln. Schalotte abziehen und in feine Würfel schneiden.
3. Den Flammkuchenteig auf einem mit Backpapier ausgelegten Blech ausbreiten und mit Schmand bestreichen, dabei an den Rändern jeweils 2–3 cm frei lassen.
4. Flammkuchen mit Tomaten, Lauch und Schalotte belegen.
5. 100 g Reibekäse auf dem freien Rand verteilen und diesen an allen Seiten einschlagen, damit eine Teig-Käsekruste entsteht. Dann den Rand mit dem Eigelb bestreichen. Den restlichen Käse über dem Flammkuchen verteilen.
6. Flammkuchen auf mittlerer Schiene in den Ofen schieben und 20 Minuten backen.

*Feinste Speisen, die sich auf gedeckten Tafeln türmen und Gläser voller Wein – diese traumhafte Vorstellung von einem wahren Festmahl kann mit den Rezepten in diesem Kapitel ganz schnell herbeigezaubert werden: Gebratene Kartoffeln, krosse Schnitzel, Aufläufe mit Käse und Knödel mit Soße – hier bleibt kein Wunsch unerfüllt.*

# Herrliche Hauptgerichte

# Die Goldkinder

*Es war einmal ein armes Paar, das hatte nichts. Eines Tages fing der Mann einen Goldfisch, der zu sprechen begann: »Wenn du mich zurück ins Wasser wirfst, dann wird deine Hütte zum Schloss werden und du und deine Frau mit Reichtümern aller Art beschenkt. Du musst mir nur versprechen, dass du niemandem erzählst, dass ich der Grund für all das Gold bin. Wenn du es doch tust, wird alles weg sein.« Der Mann tat wie ihm geheißen und ging nach Hause. Er staunte nicht schlecht, denn dort, wo vorher die Hütte gestanden hatte, war nun ein prächtiges Schloss. Seine Frau hatte ein edles Kleid an und war glückselig. Doch sie hörte nicht auf, ihn zu fragen, woher all der Reichtum kam. Und eines Tages erzählte er es ihr doch. Da standen sie plötzlich wieder in der alten Hütte und alles Gold war weg. Der Fischer fing denselben Fisch jedoch weitere Male und immer wieder wiederholte sich die Geschichte, bis sie wieder in der Hütte standen und alles verloren hatten. Eines Tages sagte der Goldfisch: »Nun, dann sollst du mich braten und deiner Frau und deinem Pferd zu essen geben und einen Teil in die Erde pflanzen.« Der Mann tat wie ihm befohlen und aus der Erde sprossen goldene Lilien, das Pferd wuchs stattlich heran und seine Frau gebar zwei Kinder, die komplett aus Gold waren …*

*Frei nach einem Märchen der Gebrüder Grimm*

## Lachs mit goldenen Linsentalern und Petersilien-Dip

***Zubereitung:*** 30 Min. ✦ ***Garen:*** 15 Min.

***Für 2 Portionen***

***Für die Linsentaler***
160 g gelbe Linsen
10 g Schnittlauch
2 Frühlingszwiebeln
2 Eier (Größe M)
60 g geriebener Gouda
50 g Semmelbrösel
Salz
Pfeffer
etwas Pflanzenöl

1. Linsen in einem Topf mit Wasser nach Packungsanweisung bissfest kochen.
2. Währenddessen den Schnittlauch waschen, trocken schütteln und fein hacken. Die Frühlingszwiebeln putzen, waschen und in feine Ringe schneiden.
3. Für den Dip die Petersilie waschen, trocken schütteln und hacken. Den Knoblauch abziehen und ebenfalls fein hacken. Mayonnaise in eine Schüssel geben und mit den restlichen Zutaten gut verrühren.
4. Die gekochten Linsen in ein Sieb abgießen und gut abtropfen lassen. Anschließend in eine Schüssel umfüllen. Schnittlauch, Frühlingszwiebeln, Eier, Käse und Semmelbrösel hinzufügen und alles gut miteinander vermengen. Mit Salz und Pfeffer würzen.

▶

***Für den Fisch***

2 Lachsfilets à ca. 120 g
Olivenöl
grobes Meersalz

***Für den Dip***

1 Bund glatte Petersilie
1 Knoblauchzehe
250 ml Miracel Whip light
Saft von 1 Bio-Zitrone
Salz
Pfeffer

5. Etwas Öl in einer Pfanne erhitzen. Aus der Linsenmasse 4 Bällchen formen, diese in die Pfanne setzen und mit einem Löffel zu flachen Talern drücken. Es sollten alle 4 Taler in eine Pfanne passen. Die Taler von beiden Seiten ca. 3 Minuten braten, bis sie goldbraun sind. Beiseitestellen.
6. In der gleichen Pfanne nochmals etwas Öl bei mittlerer Temperatur erhitzen. Den Lachs mit Olivenöl einpinseln und mit grobem Meersalz bestreuen. Filets in die Pfanne setzen und von beiden Seiten je 4–5 Minuten anbraten.
7. Jeweils 2 Linsentaler mit 1 Filet und etwas von dem Dip servieren.

# Die Scholle

*Es waren einmal mehrere Fische, die hatten keine Ordnung in ihrem Reich. Jeder schwamm rechts und links, wie er wollte, und die großen Fische nahmen keine Rücksicht auf die kleineren und versperrten ihnen den Weg. Da beschlossen sie, einen König zu wählen, der Recht walten lassen sollte. Sie stellten sich am Ufer nach Reih und Glied auf und der Hecht gab mit seiner Schwanzflosse ein Zeichen, worauf alle aufbrachen. Alle schossen sie nach vorne. Der Hering, der Barsch, der Karpfen – nur die Scholle kam nicht mit. Da machte sie sich über den Hering lustig und zur Strafe wurde ihr das Maul schräg verschoben, damit jeder sehen konnte, dass sie böse Worte gegen andere sprach …*

*Frei nach einem Märchen der Gebrüder Grimm*

## Gebratene Scholle mit Kartoffeln und Sauce Hollandaise

***Zubereitung:*** 20 Min. ✦ ***Garen:*** 30 Min.

***Für 2 Portionen***

***Für die Kartoffeln***

400 g Kartoffeln (festkochend)
Salz
1 Handvoll Schnittlauch

***Für den Fisch***

2 Schollenfilets
2 Eier (Größe M)
100 g Semmelbrösel
etwas Öl

***Für die Hollandaise***

250 g Butter
3 Eigelb
3 EL Wasser
1 EL frisch gepresster Zitronensaft
Salz
Pfeffer

*1.* Für die Kartoffeln ausreichend Wasser in einem großen Topf erhitzen und Salz hineinstreuen. Die Kartoffeln schälen, waschen und im Wasser in ca. 15–20 Minuten bissfest garen (die Kartoffeln sind dann fertig, wenn man sie mit einer Gabel einsticht und sie von alleine wieder abrutschen).

*2.* Währenddessen die Schollenfilets waschen und mit einem Küchenpapier trocken tupfen.

*3.* Die Eier in einem tiefen Teller verquirlen. Die Semmelbrösel auf einen weiteren Teller streuen. Die Filets zuerst im Ei, dann in den Semmelbröseln wenden und die Panade von beiden Seiten vorsichtig andrücken. Öl in einer Pfanne erhitzen und die Filets darin von beiden Seiten jeweils 4–5 Minuten braten, bis sie goldbraun sind. Danach auf einem Küchenpapier abtropfen lassen und das Fett etwas ausdrücken. Den Ofen auf 50° C Ober-/Unterhitze heizen und die Filets auf einem hitzebeständigen Teller auf mittlerer Schiene warmhalten.

*4.* Derweil den Schnittlauch waschen, trocken schütteln und in feine Ringe schneiden.

▶

5. Für die Hollandaise die Butter in einem Topf zerlassen, aber nicht kochen. Topf vom Herd nehmen.
6. Eigelb mit Wasser, Zitronensaft und etwas Salz in eine Schüssel geben und diese auf ein heißes Wasserbad stellen. Mit einem Schneebesen rühren, bis die Masse cremig wird und ihr Volumen etwa verdoppelt hat. Schüssel vom Wasserbad nehmen und zuerst teelöffel-, dann esslöffelweise die flüssige Butter unterziehen. Soße mit Salz und Pfeffer abschmecken.
7. Schollenfilets mit Kartoffeln und Sauce Hollandaise auf Tellern anrichten und Kartoffeln mit Schnittlauchröllchen bestreuen.

## Tipp

Möchtest du dem Gericht noch etwas Säure zufügen, kannst du eine Bio-Zitrone heiß abwaschen, in gleich große Spalten schneiden und über die Schollenfilets träufeln.

# Hans im Glück

*Es war einmal ein junger Mann namens Hans, der hatte sieben Jahre bei seinem Herrn gedient und wollte wieder nach Hause zu seiner Mutter. Der Herr sprach: »Du hast mir stets gut gedient, das soll belohnt werden.« Und er gab Hans einen Goldklumpen, so groß wie sein Kopf. Hans wickelte diesen in ein Tuch, band das Tuch an einem Stock fest und marschierte so vergnügt in die Welt hinaus …*

*Frei nach einem Märchen der Gebrüder Grimm*

## Goldklumpenschnitzel in Cornflakes-Panade mit Süßkartoffeln

***Zubereitung:*** 20 Min. ✦ ***Garen:*** 25 Min.

***Für 2 Portionen***

***Für die Süßkartoffelpommes***

500 g Süßkartoffeln
1 EL Meersalz
4 EL Olivenöl

***Für die Schnitzel***

2 Hühnerfilets à ca. 200 g
Salz
1 Ei (Größe M)
60 g Mais-Cornflakes
2 EL Mehl
½ TL Salz
200 ml Pflanzenöl

1. Den Backofen auf 180 °C Umluft vorheizen und ein Backblech mit Backpapier auslegen.
2. Die Süßkartoffeln schälen, waschen und in ca. 1 cm dicke und 6–8 cm lange Streifen schneiden.
3. In einer großen Schüssel Kartoffeln, Meersalz und Olivenöl vermengen und anschließend auf dem Backblech verteilen.
4. Pommes 10–12 Minuten im Ofen goldbraun braten und dann vorsichtig wenden. Weitere 10 Minuten von der anderen Seite ebenfalls bräunen.
5. Währenddessen die Hühnerfilets waschen, mit Küchenpapier trocken tupfen und salzen.
6. Das Ei in eine Schüssel aufschlagen. Cornflakes in einen verschließbaren Gefrierbeutel füllen und mit einem Nudelholz etwas zerdrücken. Mehl auf einen Teller streuen.
7. Das Hühnerfleisch zuerst in Mehl wenden, dann durch das Ei ziehen, in den zerdrückten Cornflakes wenden und diese gut andrücken. Das Öl in einer Pfanne erhitzen, die Hühnerschnitzel hineinlegen und von jeder Seite jeweils 5 Minuten backen, bis sie goldgelb sind. Mit den Pommes servieren.

### Tipp

Dazu passen super Ketchup und Mayonnaise.

# Der Meisterdieb

*Es waren einmal ein paar arme Leute, die vor ihrem Haus eine Ruhe von der harten Arbeit brauchten. Da kam ein prächtiger Wagen, vor den vier Rappen gespannt waren, herbeigefahren und ein edler Herr stieg aus. »Was wollt ihr hier?«, fragte der Bauer verdutzt. Da antwortete der Herr, dass er einmal ein gutbürgerliches Essen genießen wolle. Die Herrschaften sollten ihm eine Kartoffel zubereiten, wie sie sie immer aßen, und die wolle er dann an ihrem Tische festlich genießen. Die Frau ging in die Küche und begann die Kartoffeln zu bürsten, zu schälen und zu reiben, um Kartoffelklöße zu machen, wie sie die einfachen Bauern immer essen …*

*Frei nach einem Märchen der Gebrüder Grimm*

## Kartoffelknödelauflauf

***Zubereitung:*** 15 Min. ✦ ***Garen:*** 15 Min. ✦ ***Backen:*** 12 Min.

***Für 2 Portionen***

1 Frühlingszwiebel
1 Zwiebel
1 Karotte
1 Stange Lauch
10 Cocktailtomaten
etwas Öl
375 g Miniklöße (Kühlregal)
150 g Babyspinat
200 g Kochsahne
Salz
Pfeffer
1 Msp. gemahlene Muskatnuss
100 g Reibekäse

1. Frühlingszwiebel waschen, putzen und in feine Ringe schneiden. Zwiebel abziehen und fein würfeln. Karotte schälen, putzen, längs halbieren und schräg in feine Halbmonde schneiden. Lauch putzen, gründlich waschen, halbieren und in feine Streifen schneiden. Tomaten waschen, Strunk entfernen und Fruchtfleisch klein würfeln.
2. In einer großen Pfanne 1 EL Öl erhitzen und die Miniklöße darin 5 Minuten braten. Die Klöße in einer Auflaufform verteilen.
3. In derselben Pfanne erneut 1 EL Öl erhitzen und die Zwiebeln darin 5 Minuten braten.
4. Babyspinat waschen und trocken schütteln. Dann mit Tomaten, Karotte und Lauch in die Pfanne geben und 5 Minuten garen.
5. Die Sahne zugießen und Soße mit Salz, Pfeffer und Muskatnuss würzen. 15 Minuten auf mittlerer Stufe weiterköcheln lassen.
6. Den Backofen auf 200 °C Ober-/Unterhitze vorheizen.
7. Die Hälfte des Käses in die Pfanne geben und verrühren. Soße auf die Klöße gießen, den restlichen Käse darüberstreuen und Auflauf 12 Minuten im Ofen backen, bis der Käse geschmolzen ist.
8. Mit den Frühlingszwiebelringen garniert servieren.

# Tischlein deck dich, Goldesel und Knüppel aus dem Sack

*Es war einmal ein Schneider, der hatte drei Söhne und eine Ziege. Diese wurde von den Söhnen abwechselnd zu einer Wiese gebracht, um sich ausgiebig satt zu essen. Sie sagte den Söhnen stets: »Ich bin so satt, ich mag kein Blatt.« Abends jedoch, wenn der Schneider sie fragte, wie sie gefressen hatte, antwortete sie: »Wovon soll ich satt sein? Ich sprang nur über Gräbelein und fand kein einzig Blättelein.« Der Schneider war so wütend auf seine Söhne, dass er alle nacheinander aus dem Haus jagte. Der älteste Sohn ging anschließend bei einem Schreiner in die Lehre, und zum Abschluss schenkte ihm dieser einen kleinen Tisch, der sich immer mit köstlichen Fladen und duftendem Wein füllte, wenn man »Tischlein deck dich« zu ihm sagte …*

*Frei nach einem Märchen der Gebrüder Grimm*

## Tortilla-Crunchwraps mit Hackfleisch

***Zubereitung:*** 40 Min. ✦ ***Garen:*** 30 Min.

***Für 4 Portionen***

***Für die Tortillas***

- 3 Schalotten
- 2 Knoblauchzehen
- 2 EL Olivenöl
- 400 g Hackfleisch
- 1 TL Paprikapulver (edelsüß)
- Salz
- Pfeffer
- 400 g Kidneybohnen (Dose)
- 100 g Babyspinat
- 100 g Mais (Dose)
- 1 reife Avocado
- 2 mittelgroße Tomaten
- 4 große Tortillafladen
- 200 g Hummus
- 200 g Reibekäse
- 4 kleine Tortillafladen
- 1–2 EL Öl

1. Schalotten und Knoblauch schälen. Schalotten klein würfeln und Knoblauch hacken. Das Olivenöl in einer Pfanne auf mittlerer Stufe erhitzen und die Schalotten darin ca. 3 Minuten lang anbraten. Dann den Knoblauch hinzugeben und unter ständigem Rühren 1 Minute mitbraten. Das Hackfleisch und die Gewürze zufügen und unter gelegentlichem Rühren 8–10 Minuten braten, bis das Hackfleisch gar und leicht knusprig ist.
2. Die Bohnen in ein Sieb abgießen, spülen und abtropfen lassen. Mit dem Hackfleisch vermischen und Pfanne zum Abkühlen beiseitestellen.
3. Den Babyspinat waschen und klein schneiden. Den Mais in ein Sieb abgießen, abspülen und gut abtropfen lassen.
4. Die Avocado schälen, entkernen und das Fruchfleisch in einer Schüssel mit einer Gabel zerdrücken. Mit Salz und Pfeffer würzen.
5. Tomaten waschen und in Würfel schneiden.

▶

*Für den Dip*
- 400 g Crème fraîche
- Saft von 1 Bio-Zitrone
- Salz
- Pfeffer

6. Auf jeden großen Tortillafladen in die Mitte ¼ der Hackfleischmischung geben. Tomaten, Mais, Babyspinat und geriebenen Käse darauf verteilen. Avocadocreme und Hummus darüberlöffeln und zuletzt jeweils 1 kleineren Tortillafladen aufsetzen und leicht andrücken.
7. Nun die Ränder von dem großen Tortillafladen abschnittsweise über den kleineren zur Mitte hin falten. Diesen Vorgang auch für die anderen Fladen wiederholen.
8. Öl in einer Pfanne auf mittlerer Stufe erhitzen. Jeden Crunchwrap vorsichtig mit den gefalteten Kanten nach unten in die Pfanne legen und von jeder Seite für 3–5 Minuten goldbraun und knusprig braten.
9. Für den Dip Crème fraîche und Zitronensaft in einer Schüssel vermengen und mit Salz und Pfeffer abschmecken.
10. Die Crunchwraps halbieren und am besten heiß mit dem Dip servieren.

# Der Froschkönig

*Es war einmal eine Königstochter, die spielte immer am Brunnen mit einer Goldkugel, wenn ihr langweilig war. Sie warf die Kugel dabei hoch in die Luft und fing sie wieder auf. Eines Tages fiel die Kugel jedoch in den Brunnen, und die Königstochter war ganz traurig. Da hörte sie plötzlich eine Stimme und ein Platschen, und ein Frosch setzte sich an den Brunnenrand. »Ich kann deine Kugel für dich holen«, sagte er. »Unter einer Bedingung: Ich möchte bei dir am Tisch sitzen, mit dir speisen und abends bei dir im Bett liegen.« Da die Königstochter so verzweifelt war, versprach sie ihm alles, was er wollte. Der Frosch stieg in den Brunnen hinab und brachte die Goldkugel zurück. Die Königstochter war überglücklich und rannte zurück zum Schloss. Sie ahnte nicht, dass ihr der Frosch bald nachfolgen würde …*

*Frei nach einem Märchen der Gebrüder Grimm*

## Kartoffelknödel mit Spinat-Sahne-Soße

***Zubereitung:*** 40 Min. ✦ ***Garen:*** 50 Min.

***Für 4 Portionen***

***Für die Knödel***

1 kg Kartoffeln (mehlig)
1 ½ TL Salz + mehr für das Kochwasser
1 Ei (Größe M)
180 g feine Kartoffelstärke
1 Msp. geriebene Muskatnuss

***Für die Soße***

500 g frischer Blattspinat
4 Schalotten
2 Knoblauchzehen
Etwas Öl
200 ml Weißwein
500 g Sahne
100 g geriebener Parmesan

***Für das Topping***

1 TL Butter
2 EL Semmelbrösel
2 EL geriebener Parmesan

*1.* Als Erstes die Kartoffeln waschen, dann mit der Schale in einen Topf geben und so viel kaltes Wasser zugießen, dass sie gerade damit bedeckt sind. Wasser zum Kochen bringen, 1 Prise Salz einstreuen und Kartoffeln 25–30 Minuten mit geschlossenem Deckel köcheln lassen, bis sie weich sind.

*2.* Während die Kartoffeln kochen, die Soße zubereiten. Den Spinat waschen, trocken schütteln und beiseitestellen. Die Schalotten und die Knoblauchzehen schälen und fein hacken. Etwas Öl in einer Pfanne erhitzen und Zwiebeln und Knoblauch darin glasig dünsten. Den Spinat zugeben und bei mittlerer Temperatur etwas zusammenfallen lassen. Mit dem Weißwein ablöschen und dann die Sahne einrühren. 15 Minuten köcheln lassen. Danach den Herd ausschalten, die Pfanne aber stehen lassen und den Parmesan unterheben.

*3.* Die Kartoffeln in ein Sieb abgießen und ausdampfen lassen. Dann schälen und mithilfe einer Kartoffelpresse in eine große Schüssel drücken. (Alternativ Kartoffeln mit einer Gabel zerdrücken.) Die Kartoffelmasse handwarm abkühlen lassen. Als Nächstes Ei, Speisestärke, 1 ½ TL Salz und Muskatnuss dazugeben. Mit den

▶

Händen zu einem geschmeidigen Teig verkneten. Wenn der Teig noch zu klebrig ist, etwas mehr Speisestärke einarbeiten. Aus dem Teig Knödel formen, jeder Knödel sollte ca. 100 g wiegen.

4. In einem sehr großen Topf Wasser aufkochen und 2 Prisen Salz hineinstreuen. Die Hitze reduzieren, sodass das Wasser nurmehr leicht köchelt. Erst dann die Knödel hineingeben. Sie sollten zuerst zu Boden sinken. Die Knödel dürfen nicht kochen und auch nicht am Boden oder aneinander festkleben. Dafür einfach vorsichtig mit einem Kochlöffel voneinander lösen.

5. Die Knödel ca. 20 Minuten bei mittlerer Hitze ziehen lassen (das Wasser muss heiß bleiben, aber darf nicht kochen). Wenn sie an der Oberfläche schwimmen, sind sie gar.

6. Für das Topping die Butter in einer Pfanne schmelzen und die Semmelbrösel darin rösten, bis sie leicht gebräunt sind. Semmelbrösel in eine Schüssel umfüllen und mit dem Parmesan vermengen.

7. Knödel mit dem Topping bestreuen und mit der Soße auf Tellern anrichten.

# Der eiserne Heinrich

*Es war einmal ein Prinz, der wurde von einer bösen Hexe verzaubert. Doch eines Tages rettete ihn die Liebe einer Prinzessin und er verwandelte sich in seine menschliche Gestalt zurück. Da fuhr eine prächtige Kutsche vor und Heinrich, der Diener des Prinzen, kam, um ihn abzuholen. Aus Schmerz über die Verwandlung seines Herrn hatte sich der alte Heinrich Eisenketten um sein Herz legen lassen, da es drohte, vor Kummer zu zerspringen. Als die Kutsche dann von dannen fuhr, krachte es ganz laut und der Prinz fürchtete schon, dass die Räder abfielen. Doch der eiserne Heinrich lachte und jubelte und sagte: »Es sind die Eisenketten, die von meinem Herzen abspringen. Ich bin ja so froh und mein Herz ist es auch!« …*

*Frei nach einem Märchen der Gebrüder Grimm*

## Herz-Gnocchi in cremiger Tomatensoße

***Zubereitung:*** 35 Min. ✦ ***Ruhen:*** 1 Stunde ✦ ***Garen:*** 30 Min.

***Für 2 Portionen***

***Für die Gnocchi***

400 g Kartoffeln (mehlig)
65 g Mehl
65 g Hartweizengrieß
1 Ei (Größe M)
1 Prise Salz
1 Prise Pfeffer

***Für die Soße***

1 Knoblauchzehe
3 Schalotten
etwas Öl
4 EL dunkler Balsamico
1 EL Tomatenmark
1 TL Zucker
400 g gehackte Tomaten (Dose)
200 g getrocknete Tomaten
150 g Frischkäse
1 Msp. Zimt
Salz, Pfeffer

*1.* Für die Gnocchi zuerst die Kartoffeln gründlich waschen und dann samt Schale in einen Topf mit kochendem Wasser geben. In ca. 20 Minuten weichkochen. Wasser abgießen, Kartoffeln kurz ausdampfen lassen und noch heiß die Schale abziehen und direkt durch eine Kartoffelpresse in eine Schüssel drücken.

*2.* Mehl, Grieß und Ei zufügen, salzen und pfeffern und alles mit einem Holzlöffel zu einem geschmeidigen Teig verrühren. Den Teig 1 Stunde abgedeckt ruhen lassen (nicht kaltstellen).

*3.* Für die Soße Knoblauch und Schalotten abziehen und fein würfeln. Etwas Öl in einer Pfanne erhitzen und Knoblauch und Schalotten darin glasig dünsten. Mit dem Balsamico ablöschen. Die restlichen Zutaten nacheinander dazugeben und Soße 20 Minuten bei niedriger Temperatur köcheln lassen.

*4.* Den Gnocchiteig auf einer bemehlten Arbeitsfläche ca. 1 cm dick ausrollen, dann mit dem Ausstecher Herzen ausstechen.

▶

*Sonstiges*
Keksausstecher in Herzform

5. In einem Topf reichlich Salzwasser zum Kochen bringen und die Gnocchiherzen hineingeben. Die Hitze reduzieren, sodass das Wasser nicht mehr kocht, und die Gnocchis 10 Minuten gar ziehen lassen. Wenn sie an der Oberfläche schwimmen, sind sie fertig. Mit einem Schaumlöffel herausheben und zusammen mit der Soße servieren.

## Tipp

Das Gericht lässt sich auch ganz leicht zu einem Nudelauflauf umfunktionieren. Dafür den Ofen auf 180 °C Umluft vorheizen. Anschließend eine Auflaufform gut einfetten und dann abwechselnd Soße und Gnocchis übereinander schichten. Mit geriebenem Gratinkäse bestreuen (ca. 150–200 g) und für 20 Minuten auf mittlerer Schiene backen.

# Rotkäppchen

*Es war einmal ein junges Mädchen, das hatte jeder lieb. Am allermeisten wurde es von seiner Großmutter geliebt, die ihm einmal sogar ein Käppchen aus rotem Samt schenkte. So bekam das Mädchen den Namen »Rotkäppchen«. Eines Tages sprach die Mutter: »Rotkäppchen, besuche doch heute deine Großmutter, die wird sich freuen.« Das Mädchen bekam einen Korb, gefüllt mit feinsten Speisen und Wein, und machte sich frohen Mutes auf den Weg. Die Mutter warnte es noch, dass es immer auf dem rechten Weg bleiben solle, damit es auch sicher bei der Großmutter ankomme. Diese wohnte nämlich draußen im Wald und um zu ihr zu gelangen, musste Rotkäppchen einen weiten Weg zurücklegen. Sie ging munter die Strecke entlang, als ihr der Wolf begegnete. Rotkäppchen hatte keine Angst vor ihm, denn sie wusste nicht, dass es ein böses Tier war und deswegen unterhielt sie sich freundlich mit ihm. »Wohin des Wegs?«, fragte der Wolf. »Zur Großmutter. Die wohnt draußen bei den Eichbäumen und Nusshecken. Du weißt bestimmt, welches Haus ich meine.« »Und was hast du da in deinem Korb dabei?«, fragte der Wolf weiter. »Oh, die feinsten Speisen und guten Wein. Den will ich der Großmutter schenken, da wird sie sich freuen« …*

*Frei nach einem Märchen der Gebrüder Grimm*

## Rotweingulasch mit Spätzle

***Zubereitung:*** 40 Min. ✦ ***Garen:*** 2 Std. 30 Min. ✦ ***Ruhen:*** 20 Min.

***Für 4 Portionen***

***Für das Gulasch***

4 EL Butter
1 kg Fleischwürfel (Rind)
1 kg rote Zwiebeln
3 Knoblauchzehen
3 EL Tomatenmark
500 ml trockener Rotwein
400 ml Gemüsebrühe
Salz
1 TL schwarzer Pfeffer (gemahlen)
3 EL edelsüßes Paprikapulver
3 Lorbeerblätter
1 Msp. Zimt

1. Butter in einem großen Topf (mindestens 4 l Fassungsvermögen) schmelzen und das Fleisch darin bei starker Hitze scharf anbraten. Es sollte rundherum schön gebräunt sein.
2. Währenddessen die Zwiebeln schälen und grob würfeln. Dann zum Fleisch geben und mit geschlossenem Deckel ca. 5 Minuten dünsten.
3. Knoblauch schälen, fein hacken und mit dem Tomatenmark in den Topf geben. Nun alles gut verrühren und mit Rotwein ablöschen. Die Gemüsebrühe angießen und Salz, Pfeffer, Paprikapulver, Lorbeerblätter und Zimt zufügen.
4. Gulasch mit geschlossenem Deckel ca. 2 Stunden auf niedriger Stufe köcheln lassen.

▶

***Für die Spätzle***

350 g Spätzlemehl
3 Eier (Größe M)
300 ml Wasser
1 TL Salz
Butter

***Sonstiges***

Spätzlepresse

5. In der Zwischenzeit den Spätzleteig anrühren. Dafür alle Zutaten (außer der Butter) in eine große Schüssel geben und den Teig so lange mit einem Holzlöffel schlagen, bis er glatt ist und leichte Blasen wirft. Mindestens 20 Minuten stehen lassen, damit das Mehl quellen kann.

6. Wasser in einem großen Topf erhitzen, großzügig salzen und den Teig portionsweise durch eine Spätzlepresse in das Wasser drücken. (Alternativ immer eine kleine Menge Teig auf ein Brett geben und mit einem Schaber in das Wasser abstreichen.) Die Spätzle steigen an die Oberfläche, wenn sie fertig sind. Mit einer Schöpfkelle herausheben und in einer Schüssel beiseitestellen, bis der ganze Teig verarbeitet ist. Etwas Butter in einer Pfanne erhitzen und die Spätzle darin goldfarben anbraten.

7. Das Gulasch vor dem Servieren mit Salz abschmecken und zusammen mit den Spätzle auf Tellern anrichten.

*Süße Naschereien und einladende Desserts lassen so manches Herz höherschlagen. Mit Grießauflauf, gefüllten Waffeln, Zimtparfait und Pfannkuchentorte vergisst man ganz leicht alles um sich herum und schwebt auf Wolke sieben. Wer kann da noch widerstehen?*

# Zauberhafte Süßspeisen und Desserts

# Das Märchen vom Schlaraffenland

*Es war einmal das Schlaraffenland, da passierten wunderliche Dinge. Ein Mann ohne Füße rannte schneller als ein Pferd, ein scharfes Schwert durchschnitt einfach so eine Brücke und ein junger Esel mit einer silbernen Nase jagte zwei schnellen Hasen hinterher. Ein einjähriges Kind warf vier Mühlensteine von Regensburg bis nach Trier und von Trier nach Straßburg. An einer Linde wuchsen heiße Fladen, die waren warm und dufteten herrlich …*

*Frei nach einem Märchen der Gebrüder Grimm*

## Süße Pizza

***Zubereitung:*** 20 Min. ✦ ***Ruhen:*** 15 Min. ✦ ***Backen:*** 25 Min.

***Für 2 Portionen***

***Für den Teig***

350 g Weizenmehl
1 Päckchen Trockenhefe
75 g Zucker
1 Päckchen Vanillezucker
1 Ei (Größe M)
150 ml Milch

***Für den Belag***

etwa 500 g gemischte Beeren (frisch), z. B. Himbeeren, Erdbeeren, Blaubeeren
200 g Schmand
1 Ei (Größe M)
25 g Zucker
1 Päckchen Vanillezucker

***Zum Verzieren***

etwa 50 g weiße Kuvertüre
Süßigkeiten nach Wunsch

***Außerdem***

etwas Fett für die Form
etwas Weizenmehl für die Form

1. Ein Backblech fetten und mehlen. Für den Belag das Obst waschen, putzen, verlesen und evtl. klein schneiden. Backofen vorheizen (Ober-/Unterhitze etwa 180 °C, Umluft etwa 160 °C).
2. Mehl mit Trockenhefe in einer Rührschüssel sorgfältig vermischen. Übrige Zutaten hinzufügen und alles mit einem Mixer (Knethaken) in etwa 2 Min. zu einem glatten Teig verarbeiten. Für 15 Minuten ruhen lassen. Teig halbieren und zu Kugeln formen. Eine Teigkugel mit einem Nudelholz oder mit den Händen zu einem großen Kreis ausrollen und auf das Blech setzen. Schmand, Ei, Zucker und Vanillezucker miteinander verrühren und die Hälfte auf dem ersten Boden verstreichen. Ein Viertel des Obstes darauf verteilen.
3. Auf mittlerer Schiene für 25 Minuten backen.
4. Inzwischen die zweite Pizza vorbereiten, mit übrigem Belag und einem Viertel Obst belegen und anschließend backen.
5. Pizzen sofort mit dem restlichen frischen Obst belegen. Kuvertüre mit einem Sparschäler in Späne hobeln und vor dem Servieren auf den Pizzen verteilen. Zuletzt mit den gewünschten Süßigkeiten toppen.

# Das Liebespaar

*Es waren einmal ein Kreisel und ein kleiner Ball, die lagen zusammen in einer Spielzeugkiste. Und da sie dort zusammen so viel Zeit verbrachten, fragte der Kreisel eines Tages den Ball, ob sie ein Liebespaar werden wollten. Beide waren sie feine Spielzeuge und passten auch optisch hervorragend zusammen. Der Ball verneinte jedoch, denn er war schon einer Schwalbe versprochen. »Immer wenn mich der Junge hoch in die Luft wirft, kann ich den Vogel im Neste sehen, wie er nach mir schaut. Das ist ja eine halbe Verlobung.« Eines Tages warf der Junge den Ball so hoch, dass er im Nest der Schwalbe landete. Da war der Kreisel traurig und war sich sicher, die Liebe seines Lebens für immer verloren zu haben. Nach langer Zeit landete der Kreisel in einer Regenrinne, weil er sich beim Spielen zu wild im Kreis gedreht hatte und weggesprungen war. Da entdeckte er auf einmal den kleinen Ball, der auch durch seltsame Umstände in der Rinne gelandet war. Sofort erinnerte sich der Kreisel wieder an seine alte Liebe …*

*Frei nach einem Märchen von Hans Christian Andersen*

## Herzwaffeln

***Zubereitung:*** 40 Min.

***Für ca. 20 Stück***

***Für den Teig***

100 g weiche Butter + mehr zum Backen
175 g Zucker
2 Päckchen Vanillezucker
6 Eier (Größe M)
1 Prise Salz
abgeriebene Schale von 1 Bio-Zitrone
3 TL Weinsteinbackpulver
500 g Mehl
1 TL Zimt
500 ml Milch

***Zum Garnieren***

Puderzucker

***Sonstiges***

Waffeleisen

1. Butter, Zucker, Vanillezucker, Eier, Salz und Zitronenschale in eine Schüssel geben und mit dem Handmixer vermengen. Anschließend Backpulver, Mehl und Zimt dazugeben. Die Milch langsam zugießen und sanft einarbeiten.
2. Das Waffeleisen vorheizen und mit etwas Butter bepinseln.
3. Jeweils 1 Schöpfkelle Teig in das Waffeleisen gießen und zu einer goldbraunen Waffel ausbacken. Vorgang wiederholen, bis der Teig aufgebraucht ist.
4. Waffeln mit Puderzucker bestäuben und genießen.

# Das tapfere Schneiderlein

*Es war einmal ein Schneiderlein, das nähte aus Leibeskräften. Da kam eine Frau des Weges und bot ihr selbst gemachtes Apfelmus zum Verkauf an. Das Schneiderlein fand den Geruch des Muses ganz wunderbar und kaufte eine Portion. Das wollte es sich nach der harten Arbeit schmecken lassen. Das Schneiderlein strich das Mus auf eine Scheibe Brot und stellte den Teller neben sich. Sofort kamen sieben Fliegen, die das Brot gierig umkreisten. Das erzürnte das Schneiderlein so sehr, dass es alle auf einmal mit einem Küchentuch erschlug. Sieben auf einen Streich …*

*Frei nach einem Märchen der Gebrüder Grimm*

## »Sieben auf einen Streich«-Schichtdessert

***Zubereitung:*** 15 Min. ✦ ***Kühlen:*** 15 Min.

***Für 4 Gläser à 250 ml***

180 g Butterkekse
400 g Quark
1 EL Zucker
1 Päckchen Vanillezucker
8 EL Apfel-Mango-Mus

### Tipp

Statt der Butterkekse kann man auch Spekulatius verwenden.

1. Die Butterkekse in einen verschließbaren Gefrierbeutel füllen und mit einem Nudelholz fein zerbröseln.
2. Den Quark in einer Schüssel mit Zucker und Vanillezucker verrühren.
3. 4 Dessertgläser bereitstellen. Jeweils 1 EL Kekskrümel in die Gläser geben, dann 1 EL Quark und danach 1 EL Apfel-Mango-Mus. Diesen Vorgang wiederholen und mit einer letzten Keksschicht abschließen.
4. Dessert 15 Minuten kaltstellen, dann genießen.

# Von dem Machandelbaum

*Es waren einmal ein Mann und eine Frau, die wünschten sich nichts sehnlicher als ein Kind. Jahr für Jahr verging, aber die Frau gebar kein Kind und beide waren sehr traurig. Eines Tages ging die Frau in den Hof, in dem sich ein Machandelbaum befand, und während sie darunterstand, schälte sie einen Apfel und dachte über den Kinderwunsch nach. Sie hoffte, dass sie so, wie dieser Baum immer wieder Früchte trug, auch eines Tages ein Kind in sich tragen würde, das, wenn es denn reif sei, auf die Welt kommen würde …*

*Frei nach einem Märchen der Gebrüder Grimm*

## Apple Crumble

***Zubereitung:*** 10 Min. ✦ ***Backen:*** 30 Min.

***Für 4 Portionen***

500 g Äpfel
Saft von 1 Bio-Zitrone
100 g weiche Butter + mehr für die Form
100 g Zucker
175 g Mehl
1 TL Zimt

*1.* Den Backofen auf 200 °C Ober-/Unterhitze vorheizen.

*2.* Die Äpfel schälen, entkernen, in Spalten schneiden und mit Zitronensaft beträufeln. Eine Auflaufform einfetten und die Apfelspalten hineinschichten.

*3.* Butter, Zucker, Mehl und Zimt in eine Schüssel geben und mit den Händen zu Streuseln verkneten. Streusel auf den Äpfeln verteilen und Crumble ca. 30 Minuten auf der mittleren Schiene im Ofen backen.

## Tipps

Warm mit Eis oder Schlagsahne servieren. Zusätzlich kann man die Äpfel vor dem Backen mit etwas Rum beträufeln.

Statt der Äpfel eignen sich Brom- oder Himbeeren, Birnen oder Pflaumen.

# Die Kornähre

*Es war einmal vor langer Zeit, als Gott noch selbst auf der Erde wandelte, da wuchsen die Kornähren so prächtig wie noch nie. Die Ähren wuchsen im Übermaß und waren ein wahrer Reichtum für die Menschen. Mit der Zeit vergaßen die Menschen jedoch diesen Wert und eines Tages ging eine Mutter mit ihrem Kind an einem der Felder entlang und dieses fiel in eine Pfütze. Da brach die Frau eine Ähre ab und rieb damit das Kleidchen sauber. Da war Gott so erzürnt, dass die kostbare Ähre für so etwas hergenommen wurde, dass er beschloss, fortan solle keine Ähre mehr Korn tragen, da die Menschen es nicht verdient hätten …*

*Frei nach einem Märchen der Gebrüder Grimm*

## Grießauflauf mit Mandarinen

***Zubereitung:*** 15 Min. ✦ ***Kühlen:*** 20 Min. ✦ ***Backen:*** 30 Min.

***Für 2 Portionen***

800 ml Milch
1 Prise Salz
2 EL Butter + mehr für die Form
200 g Weichweizengrieß
3 Eier (Größe M)
6 EL Zucker
1 Päckchen Vanillezucker
350 g Mandarinen (Dose)

### Tipp

Statt der Mandarinen kannst du auch Kirschen aus dem Glas verwenden.

1. Den Backofen auf 175 °C Umluft vorheizen.
2. Die Milch mit dem Salz und der Butter in einem Topf zum Kochen bringen. Dann den Grieß zugeben und unter ständigem Rühren in 5 Minuten zu einem dicken Brei einkochen. Topf vom Herd nehmen und Brei abkühlen und weiter quellen lassen.
3. Die Eier trennen. Das Eiweiß in einer Schüssel mit dem Handmixer steif schlagen. In einer zweiten Schüssel das Eigelb mit dem Zucker und dem Vanillezucker schaumig schlagen. Den abgekühlten Grießbrei untermischen. Zum Schluss noch das Eiweiß unterheben und die Masse in eine gefettete Auflaufform füllen.
4. Die Mandarinen in einem Sieb abtropfen lassen und auf den Teig legen. Auflauf 30 Minuten auf der mittleren Schiene im Ofen backen, bis er eine goldgelbe Farbe angenommen hat.

# Der Süße Brei

*Es war einmal ein armes Mädchen, das lebte mit seiner Mutter allein und hatte nichts zu essen. Eines Tages ging es in den Wald und begegnete einer alten Frau, die ihr ein Töpfchen schenkte. Wenn man sagte: »Töpfchen koche«, so begann es, süßen Brei zu kochen, und wenn man »Töpfchen steh« sagte, dann hörte es auf. So hatten das Mädchen und ihre Mutter immer etwas zu essen, und es erging ihnen gut …*

*Frei nach einem Märchen der Gebrüder Grimm*

## Grießbrei mit Zimtkirschen

***Zubereitung:*** 20 Min.

***Für 2 Portionen***

***Für den Grießbrei***
1 Vanilleschote
400 ml Milch
1 EL Zucker
1 Päckchen Vanillezucker
1 Prise Salz
80 g Weichweizengrieß
1 Ei (Größe M)
1 TL Butter

***Für das Topping***
100 g Kirschen aus dem Glas (Abtropfgewicht) + etwas Saft
Zimt

1. Die Vanilleschote mit einem Messer längs aufschlitzen und das Mark herauskratzen. Die Milch in einen Topf geben, mit Zucker, Vanillezucker, Vanillemark und Salz verrühren und einmal aufkochen lassen. Weichweizengrieß einrieseln lassen und unter ständigem Rühren nochmals aufkochen lassen. Topf vom Herd nehmen und Grieß 5–10 Minuten quellen lassen.
2. Das Ei trennen und das Eiweiß in einer Schüssel mit dem Handmixer steif schlagen.
3. Butter und Eigelb zum Grießbrei geben und gut verrühren. Zuletzt den Eischnee unterheben.
4. Die Kirschen in ein Sieb abgießen, dabei den Saft auffangen. Kirschen in einem Topf zum Kochen bringen, je nach Konsistenzwunsch etwas Saft dazugeben. Mit Zimt bestäuben und als Topping vor dem Servieren auf dem Brei verteilen.

**Tipp**
Dazu passt hervorragend Vanilleeis.

# Frau Holle

*Es war einmal ein junges Mädchen, welches von seiner Stiefmutter nicht gut behandelt wurde. Jeden Tag musste sie am Brunnen sitzen und spinnen, bis ihre Hände furchtbar wehtaten. Eines Tages fiel ihr die Spule in den Brunnen. Sie sprang hinterher und verlor das Bewusstsein. Als sie wieder erwachte, befand sie sich auf einer grünen Wiese. Sie ging los und kam an einem Backofen vorbei, aus dem die Brote riefen: »Hol uns raus, wir sind längst fertiggebacken!« Sie tat wie ihr geheißen und ging weiter, bis sie zu einem Apfelbaum kam. Dieser bat sie, ihn kräftig zu schütteln, da alle Äpfel bereits reif waren. Sie tat erneut, worum sie gebeten wurde, und kam anschließend an einem Haus vorbei. Eine alte Dame namens Frau Holle bat sie, den Haushalt zu übernehmen und besonders gut auf die Kissen achtzugeben. Wenn sie das täte, würde sie ein gutes Leben haben. Das Mädchen war folgsam und schüttelte die Kissen so kräftig, dass die Federn wie Tausende Schneeflocken zu Boden segelten …*

*Frei nach einem Märchen der Gebrüder Grimm*

## Kissenwaffeln mit Apfelmus

***Zubereitung:*** 15 Min.

***Für 8 Stück***

1 Packung Blätterteig (Kühlregal)
8 TL Apfelmus
Zimt
Puderzucker
Öl für das Waffeleisen

***Sonstiges***

Waffeleisen

1. Den Blätterteig ausrollen und in 8 gleich große Rechtecke schneiden. Auf einer Hälfte jedes Rechtecks jeweils 1 TL Apfelmus verstreichen und mit etwas Zimt bestreuen. Anschließend die freie Teigseite über die Füllung klappen und die Ränder gut festdrücken, damit das Apfelmus nicht auslaufen kann.
2. Ein Waffeleisen erhitzen, mit etwas Öl bepinseln, jeweils 1 Teigkissen in die Mitte setzen und so lange backen, bis der Teig goldbraun ist.
3. Mit Puderzucker bestäuben und genießen.

# Die Schneekönigin

*Es war einmal ein Knabe, der fuhr im Winter Schlitten und hatte viel Freude daran. Da entdeckte er einen großen Schlitten, der um den Platz herumfuhr. Schnell band der Knabe seinen kleinen Schlitten mit einer Schnur daran fest, um größere und schnellere Runden drehen zu können. Plötzlich blieb der Schlitten stehen, und eine Dame in weißem Pelz erhob sich daraus. Es war die Schneekönigin. Sie sagte zu ihm: »Du musst bestimmt frieren. Komm doch zu mir in den Schlitten.« Der Knabe stieg in den Schlitten, und durch den Pelz wurde ihm wunderbar warm. Die Schneekönigin gab ihm einen liebevollen Kuss auf die Stirn, doch dieser erfüllte ihn mit eisiger Kälte …*

*Frei nach einem Märchen von Hans Christian Andersen*

## Zimt-Parfait mit Zwetschgen

***Zubereitung:*** 30 Min. ✦ ***Kühlen:*** 4 Std.

***Für 1 Kastenform (ca. 30 x 12 x 8 cm)***

***Für das Parfait***
- 8 Eigelb (Größe M)
- 200 g Zucker
- 2 EL Zimt
- 2 EL heißes Wasser
- 750 g Sahne
- 2 Päckchen Vanillezucker

***Außerdem***
- 300 g Zwetschgen
- 1 EL Zucker
- 1 gestr. TL Zimt
- Kakaopulver

1. Das Eigelb mit dem Zucker in eine Schüssel geben und über dem heißen Wasserbad mit dem Handmixer ca. 8 Minuten schaumig schlagen. Zimt und Wasser in einer Tasse verrühren und unter die Eiermasse mischen. Die Masse erkalten lassen, dabei ab und zu durchschlagen.
2. Sahne und Vanillezucker in eine Schüssel geben und steif schlagen. Dann unter die abgekühlte Eiermasse heben.
3. Eine Kastenform mit Frischhaltefolie auslegen und die Masse einfüllen. 4 Stunden in das Gefrierfach stellen.
4. Vor dem Servieren die Zwetschgen waschen, entkernen, vierteln, in einen Topf zusammen mit 150 ml Wasser geben, Zucker und Zimt einrühren und alles einmal aufkochen lassen.
5. Das Parfait in ca. 1 cm dicke Scheiben schneiden, mit Kakao bestäuben und zusammen mit den warmen Zwetschgen servieren.

### Tipp

Alternativ kannst du für das Parfait anstelle von Zimt auch Instant-Kaffee oder Kakaopulver verwenden.

# Die Schnecke und der Rosenstock

*Es war einmal eine Schnecke, die lag in einem Garten, umgeben von weiten Feldern, mit Kühen und Schafen darauf, und lebte ein frohes Leben. Neben ihr wuchs ein Rosenstock und eines Tages sprach die Schnecke zu ihm: »Irgendwann werde ich Großes vollbringen, noch viel mehr als ihr alle zusammen.« »Was wird das denn sein?« fragte der Rosenstock interessiert, aber die Schnecke vertröstete ihn und meinte: »Das wirst du schon noch sehen.« Die Jahre vergingen, der Rosenstock blühte und verlor seine Blätter und so ging das immer wieder seinen Lauf. Die Schnecke lag am Boden und machte nicht viel. Da wunderte sich der Rosenstock und wollte endlich wissen, was die Schnecke die ganze Zeit über tat. Da sagte sie: »Du hast immer wieder nur nach außen hin gelebt und den gleichen Ablauf durchgemacht. Ich aber habe mich auf mein Innerstes besonnen und mich mit meinen Gedanken befasst. Meine eigene Welt ist alles, was ich brauche, und dieses Verständnis und die Weisheit hast du nicht, weil du immer mit etwas anderem beschäftigt warst.« Das machte den Rosenstock betrübt und er stimmte zu, dass sich selbst zu kennen der wahre Reichtum im Leben sei …*

*Frei nach einem Märchen von Hans Christian Andersen*

## Zimtschnecken

***Zubereitung:*** 30 Min. ✦ ***Ruhen:*** 2 Std. 30 Min. ✦ ***Backen:*** 20 Min.

***Für ca. 25 Stück***

***Für den Teig***
- 500 ml Milch
- 2 Päckchen Vanillepuddingpulver
- 100 ml Wasser
- 120 g Butter
- 5 EL Zucker
- 2 Eier (Größe M)
- 2 Päckchen Trockenhefe
- 1 TL Salz
- 800 g Mehl + mehr für die Arbeitsfläche

1. Die Milch in einem Topf zum Kochen bringen. Das Puddingpulver in einer Schüssel mit dem Wasser verrühren und dann mit der Milch vermischen. Unter Rühren kurz kochen lassen, bis der Pudding eingedickt ist. Dann Topf vom Herd nehmen und Butter einrühren, bis sie geschmolzen ist. Danach Zucker und Eier untermischen. Wenn die Masse noch handwarm ist, die Trockenhefe einrühren.
2. Salz und Mehl in einer Schüssel vermischen, die Puddingmasse zugeben und alles mit einem Handmixer zu einem weichen, leicht klebrigen Teig verarbeiten (der Teig ist feuchter als »normaler« Hefeteig). Teig mit einem Küchentuch abgedeckt 1–2 Stunden gehen lassen, bis sein Volumen sich etwa verdoppelt hat.
3. Den Backofen auf 200 °C Ober-/Unterhitze vorheizen.

▶

*Für die Füllung*

300 g brauner Zucker
5 TL Zimt
200 g zerlassene Butter

*Für das Frosting*

250 g Puderzucker
250 g Frischkäse (Doppelrahmstufe)
120 g weiche Butter
2 Päckchen Vanillezucker

4. Für die Füllung den Zucker und den Zimt in einer Schüssel vermischen.

5. Den Teig halbieren. 1 Hälfte auf der gut bemehlten Arbeitsfläche etwa 1 cm dick zu einem Rechteck ausrollen. Teig mit der Hälfte der flüssigen Butter bestreichen und mit der Hälfte des Zimtzuckers bestreuen. Teig über die kürzere Seite eng zu einer Wurst aufrollen und dann in ca. 4 cm breite Stücke schneiden. Mit dem zweiten Teigling ebenso verfahren.

6. Die Zimtschnecken mit Abstand zueinander auf ein mit Backpapier ausgelegtes Blech setzen und nochmals 30 Minuten gehen lassen. (Es ist wichtig, dass sie nicht zu dicht aneinanderstehen, sich aber dennoch nach dem letzten Gehen ganz leicht berühren.)

7. Blech auf der mittleren Schiene in den Ofen schieben und Schnecken 20 Minuten backen. Dabei darauf achten, dass sie nicht zu dunkel werden.

8. Die Zutaten für das Frosting in einer Schüssel zu einer cremigen Masse verrühren und die noch warmen Zimtschnecken damit bestreichen.

# Die Prinzessin auf der Erbse

*Es war einmal ein Prinz, der wollte eine wirkliche Prinzessin heiraten. Im ganzen Land suchte er nach ihr, aber er fand nur Prinzessinnen und keine »wirkliche« Prinzessin. Eines Abends klopfte es an seiner Tür, und ein vom Regen überströmtes junges Mädchen stand vor ihm, welches angab, eine wirkliche Prinzessin zu sein. Die Königin, des Prinzen Mutter, war sich dessen nicht so sicher und wollte das Mädchen testen. Sie legte eine Erbse auf den Boden und schichtete Matratze über Matratze darüber, bis ein ganzer Turm aus Federbetten entstanden war. Die Prinzessin musste eine Nacht darauf schlafen und wurde am nächsten Tag gefragt, wie es ihr denn ergangen sei. »Ganz furchtbar«, antwortete sie. »Alles schmerzt, weil ich auf so hartem Untergrund schlafen musste.« Da wusste der Prinz, dass er eine wirkliche Prinzessin gefunden hatte, denn so empfindlich ist keine andere.*

*Frei nach einem Märchen von Hans Christian Andersen*

## Pfannkuchentorte mit Karamellquark

***Zubereitung:*** 45 Min. ✦ ***Ruhen:*** 15 Min. ✦ ***Kühlen:*** 2 Std.

***Für 1 Torte à 8 Pfannkuchen***

***Für die Pfannkuchen***

4 Eier (Größe M)
2 EL Zucker
400 ml Milch
1 Prise Salz
200 g Mehl
1 Msp. Backpulver
etwas Öl

***Für die Creme***

250 g Quark
2–3 EL Lotus-Biscoff-Creme
1 Päckchen Vanillezucker

1. Die Eier mit Zucker und Milch in eine Schüssel geben und mit dem Schneebesen locker aufschlagen. Anschließend Salz, Mehl und Backpulver einrühren und Teig 15 Minuten stehen lassen, damit das Mehl noch etwas quellen kann.
2. Eine beschichtete Pfanne mit etwas Öl auspinseln und auf mittlerer Stufe erhitzen. Jeweils 2 kleine oder 1 große Schöpfkelle Teig in die Pfanne gießen und verlaufen lassen. Wenn sich kleine Bläschen auf der Oberfläche bilden, den Pfannkuchen wenden und goldbraun ausbacken. Auf einem Teller beiseitestellen und Vorgang wiederholen, bis der Teig aufgebraucht ist. Gestapelte Pfannkuchen komplett auskühlen lassen.
3. In der Zwischenzeit die Creme zubereiten. Dafür alle Zutaten in einer Schüssel vermengen und anschließend ca. 30 Minuten kaltstellen.

▶

***Für das Topping***
250 g frische Himbeeren

4. Nach der Kühlzeit eine Tortenplatte bereitstellen und den ersten Pfannkuchen darauf platzieren. Gleichmäßig mit der Creme bestreichen und dann den nächsten Pfannkuchen daraufsetzen. Diesen Vorgang wiederholen, bis alle Pfannkuchen aufgebraucht sind. Den letzten Pfannkuchen ebenfalls mit Creme bestreichen.
5. Die Himbeeren waschen und gleichmäßig auf der Torte verteilen. Torte mindestens 1 ½ Stunden kaltstellen.

## Tipp

Anstelle von Biscoff-Creme kannst du auch Nutella oder eine andere süße Streichcreme verwenden.

*Der Duft von frisch gebackenem Kuchen liegt in der Luft und die Küche steht voll mit Schüsseln voller Mehl und Zucker. In Märchengeschichten backen fleißige Hausmütterchen, böse Hexen und auch hin und wieder das Rumpelstilzchen. Die köstlichen Backwaren in diesem Kapitel sind zum Glück alle nicht verhext, aber durch ihren Geschmack verzaubern sie jeden im Nu.*

# Himmlische Kuchen, Törtchen und Gebäck

# Die Blumen der kleinen Ida

*Es war einmal ein Mädchen, das hieß Ida und liebte Blumen über alles. Aber eines Tages waren sie ganz abgestorben und da rannte es zu dem Studenten, der ihr immer die Welt erklärte, und fragte ihn, warum denn die Blumen nicht mehr so schön blühten, obwohl sie das gestern noch getan hatten. Da antwortete er: »Die Blumen sind letzte Nacht auf dem Ball gewesen, deswegen lassen sie die Köpfe so sehr hängen.« »Aber Blumen können nicht tanzen«, entgegnete die kleine Ida. »Doch. Wenn es dunkel wird, dann springen sie umher und halten Ball. Sie laufen immer zum Schloss, außerhalb des Tores, dorthin, wo der König im Sommer wohnt«, warf der Student ein. »Das ist herrlich!«, sagte die kleine Ida und klatschte aufgeregt in die Hände. »Und die Blumen aus dem botanischen Garten? Können die auch zum Ball gehen?« »Ja, auch die schweben des Nachts zum Schloss und amüsieren sich.« Die kleine Ida war ganz verdutzt, denn der Weg vom Garten war doch recht weit bis hinauf zum Schloss. Da erklärte ihr der Student, dass die Blumen sich mit ihren Blättern in die Luft hoben und mit den Blüten so schnell flatterten, als seien es Schmetterlingsflügel …*

*Frei nach einem Märchen von Hans Christian Andersen*

## Cheesecake mit Himbeerglasur

***Zubereitung:*** 15 Min. ✦ ***Backen:*** 45 Min. ✦ ***Kühlen:*** 5 Std.

***Für 1 Springform (Ø 20 oder 24 cm)***

***Für den Boden***

100 g Butter + mehr für die Form
200 g Butterkekse

***Für die Cheesecakecreme***

800 g Frischkäse (Doppelrahmstufe)
150 g Sahne
180 g Zucker
1 Ei (Größe M)
3 EL Speisestärke
1 TL Vanillezucker

1. Den Backofen auf 160 °C Ober-/Unterhitze vorheizen.
2. Die Springform gleichmäßig einfetten.
3. Die Butterkekse in einen verschließbaren Gefrierbeutel füllen und mit einem Nudelholz zerbröseln.
4. Die Butter bei niedriger Temperatur in einem Topf schmelzen. Dann Topf vom Herd nehmen und die Keksbrösel mit der Butter verrühren. Die Mischung in die Springform schütten und mit einem Löffel am Boden festdrücken.
5. Alle Zutaten für die Füllung in eine Schüssel geben und mit dem Handmixer zu einer homogenen Masse verrühren. Auf den Keksboden gießen und die Oberfläche glattstreichen.
6. Kuchen 45 Minuten im Ofen backen, dann an einem zimmerwarmen Ort für 1 Stunde abkühlen lassen.

▶

***Für die Glasur***

50 g Sahne
4 EL Himbeermarmelade (ohne Kerne)

***Zum Garnieren***

frische Beeren (z. B. Himbeeren, Blaubeeren oder Johannisbeeren)
essbare Blüten

7. In einem Topf die Sahne mit der Marmelade verrühren und bei niedriger Temperatur aufkochen lassen, bis die Flüssigkeit einen Glanz bekommt. Topf vom Herd nehmen und Glasur mit einem Esslöffel über den Cheesecake streichen.

8. Den Cheesecake 4 Stunden im Kühlschrank kühlen. Vor dem Servieren mit Beeren und essbaren Blüten dekorieren.

## Tipp

Die Himbeermarmelade für die Glasur kann mit jeder beliebigen Marmelade ausgetauscht werden.

# Hänsel und Gretel

*Es waren einmal zwei Geschwister, die hießen Hänsel und Gretel. Eines Tages entschieden die Eltern, die Kinder im Wald auszusetzen, da sie so arm waren und nicht mehr für sie sorgen konnten. Die Kinder irrten in den Tiefen des Waldes umher und versuchten, wieder nach Hause zu finden, aber es gelang ihnen nicht. Entmutigt schliefen sie ein. Am nächsten Morgen entdeckten sie einen hübschen Vogel, der umherflog, und folgten ihm. Er führte sie zu einem kleinen Häuschen, das ganz und gar aus Lebkuchen bestand. Sie begannen eifrig zu essen und waren froh, endlich wieder eine Mahlzeit zu haben. Da ertönte plötzlich eine Stimme: »Knusper, knusper, Knäuschen, wer knuspert an meinem Häuschen?« …*

*Frei nach einem Märchen der Gebrüder Grimm*

## Lebkuchen

***Zubereitung:*** 25 Min. ✦ ***Kühlen:*** über Nacht + 30 Min. ✦ ***Backen:*** 12–15 Min.

***Für 30–40 Stück***

***Für den Teig***

140 g Zucker
200 g Honig (klar)
165 g Roggenmehl
325 g Weizenmehl + mehr für die Arbeitsfläche
8 g Natron
5 g Lebkuchengewürz
1 Msp. Zimt
1 Ei (Größe L)
2 Eigelb (Größe L)
140 g weiche Butter
etwas Milch zum Bestreichen

***Für die Deko***

250 g Puderzucker
2 Eiweiß
1 EL Zitronensaft
Gummibärchen
Schokolinsen
kandierte Kirschen

1. Zucker und Honig in einen Topf geben, bei mittlerer Temperatur erhitzen und gut rühren, bis sich der Zucker komplett aufgelöst hat. Die Masse in eine Schüssel umfüllen und für 20–30 Minuten abkühlen lassen.
2. Beide Mehlsorten in eine große Schüssel sieben und mit dem Natron vermengen. Eine Mulde formen und Lebkuchengewürz, Zimt, das ganze Ei, das Eigelb und die Butter in Stücken in die Mitte geben. Zuletzt die abgekühlte Honig-Zucker-Masse zufügen und alle Zutaten mit dem Handmixer zu einem homogenen Teig verkneten. Den Teig zu einer Kugel formen, in Klarsichtfolie wickeln und über Nacht in den Kühlschrank legen.
3. Am nächsten Tag den Teig in 2 Portionen teilen und jeweils auf einer bemehlten Fläche ca. 3 mm dick ausrollen.
4. Den Backofen auf 180 °C Umluft vorheizen. Ein Backblech mit Backpapier belegen.
5. Aus dem Teig Plätzchen ausstechen oder mit einem Messer Teig in Rechtecke schneiden. Die Teigstücke mit der Milch bestreichen und auf das Blech legen. Auf der mittleren Schiene im Ofen 12–15 Minuten backen und danach auf einem Gitter auskühlen lassen.

▶

*Sonstiges*

Keksausstechform nach Belieben

Spritzbeutel

6. Den Puderzucker in eine Schüssel sieben. Das Eiweiß mit dem Zitronensaft in eine Schüssel geben und schaumig aufschlagen, dann den Puderzucker untermischen. So lange weiterschlagen, bis die Masse fest wird. In einen Spritzbeutel füllen (Loch- oder Sterntülle) und nach Belieben Muster auf die Lebkuchen malen. Mit den Toppings verzieren und den Zuckerguss aushärten lassen.

# Das Waldhaus

*Es war einmal ein Holzfäller, der lebte mit seiner Frau und seinen drei Töchtern in einer kleinen Hütte am Waldrand. Eines Tages sagte er zu seiner Frau: »Lass unsere älteste Tochter am Mittag zu mir in den Wald laufen, um mir ein Mittagsmahl zu bringen, sonst werde ich nicht mit der Arbeit fertig. Ich werde mit Hirse einen Weg legen, damit sie mich finden kann.« Da ging die Tochter später am Tage mit etwas zu essen los, konnte aber die Hirse nicht mehr entdecken, da die Vögel sich daran bedient hatten. So ging sie einfach guten Glücks bis zum Sonnenuntergang drauflos. Je dunkler es wurde, desto mehr packte sie die Angst. Schließlich erblickte sie in der Ferne ein Licht aus einem Fenster und ging darauf zu, in der Hoffnung, dort einen Unterschlupf zu finden. Sie klopfte an die Tür und eine raue Stimme antwortete: »Herein.« Sie öffnete die Türe und sah einen alten Mann mit einem grauen Bart, der an einem Tisch saß. Am Boden vor dem Kamin lagen drei Tiere. Ein Hühnchen, ein Hähnchen und eine bunt gescheckte Kuh. Das Mädchen war überrascht von dem Anblick und begann allen vieren von ihrem Schicksal zu erzählen …*

*Frei nach einem Märchen der Gebrüder Grimm*

## Kuhflecken-Muffins

***Zubereitung:*** 15 Min. ✦ ***Backen:*** 25 Min.

***Für 12 Stück***

***Für den Mürbeteig***
- 100 g Butter
- 100 g Zucker
- 2 EL Kakaopulver
- 150 g Mehl

***Für die Quarkmasse***
- 2 Eier (Größe M)
- 100 g Zucker
- 100 g zerlassene Butter
- 250 g Magerquark
- ½ Päckchen Vanillepuddingpulver

***Sonstiges***
- Muffinblech
- Papierförmchen

1. Den Backofen auf 150 °C Umluft vorheizen. Ein Muffinblech mit Papierförmchen auslegen. Die Teigzutaten in eine Schüssel geben und mit der Hand gut verkneten. ⅔ des Teiges in 12 Portionen teilen und jeweils auf dem Boden der Förmchen festdrücken. Den restlichen Teig beiseitestellen.
2. Die Eier in einer Schüssel mit dem Schneebesen schaumig schlagen. Zucker und Butter untermischen, zuletzt Magerquark und Vanillepuddingpulver einrühren, sodass eine glatte Masse entsteht. Die Quarkmasse gleichmäßig auf die Förmchen verteilen. Den restlichen Mürbeteig in Stücke zupfen und auf die Quarkmasse setzen.
3. Muffins 25 Minuten auf der mittleren Schiene im Ofen backen.

# Sterntaler

*Es war einmal ein kleines Mädchen, das seine Eltern verloren hatte. Bis auf ein Stückchen Brot und die Kleider, die es anhatte, besaß es nichts. Nicht einmal ein Dach über dem Kopf. Da beschloss es, einfach loszugehen, in der Hoffnung auf ein besseres Leben. Unterwegs traf das Mädchen einen alten Mann und zwei Kinder, welche Hunger hatten und bitterlich froren. Da es so ein gutes Herz hatte, verschenkte es alles, was es bei sich trug. Da öffnete sich der Himmel, und unendlich viele Sterne fielen auf das Mädchen herab. Die Sterne waren goldene Taler, welche es ohne Unterlass überhäuften. Als es an sich hinabblickte, entdeckte es zudem ein Kleid aus edelstem Leinen. Das Mädchen musste nie wieder frieren oder Hunger leiden und lebte zufrieden in wahrem Reichtum.*

*Frei nach einem Märchen der Gebrüder Grimm*

## Sternkekse mit Karamell

***Vorbereitung:*** 20 Min. ✦ ***Kühlen:*** 1 Stunde ✦ ***Backen:*** 8 Min. pro Blech

***Für ca. 30 Stück***

***Für den Teig***
300 g Mehl + mehr für die Arbeitsfläche
100 g Puderzucker
1 Päckchen Vanillezucker
1 Ei (Größe M)
200 g weiche Butter

***Für die Deko***
25 g weiße Kuvertüre
½ TL Fleur de Sel

***Für das Karamell***
50 g weiße Kuvertüre
3 EL Lotus-Biscoff-Creme
100 g Sahne

***Sonstiges***
Keksausstecher in Sternform (1 groß und 1 klein)

1. Mehl, Puder- und Vanillezucker in eine große Schlüssel sieben. Eine Mulde in die Mitte drücken und das Ei und die Butter in Stücken da hineingeben. Zutaten mit dem Handmixer zu einem homogenen Teig verkneten. Teig zu einer Kugel formen, in Frischhaltefolie wickeln und 1 Stunde im Kühlschrank kalt stellen.
2. Den Backofen auf 160 °C Umluft vorheizen. Ein Backblech mit Backpapier auslegen.
3. Die Arbeitsfläche mit Mehl bestäuben. Den Teig in 2–3 Portionen teilen und nacheinander etwa 3 mm dick ausrollen. Mit dem großen Ausstecher Plätzchen ausstechen und bei der Hälfte mit dem kleineren Ausstecher ein Loch in der Mitte ausstechen.
4. Die Kekse auf das Backblech legen und ca. 8 Minuten auf der mittleren Schiene im Ofen backen. Anschließend auf einem Gitter auskühlen lassen.
5. Für die Deko die Kuvertüre hacken, in eine Schüssel geben und über einem heißen Wasserbad schmelzen. Die Kekse mit Loch mit der Kuvertüre verzieren, dafür eine Gabel in die Schokolade

▶

tauchen und schnell über den Keksen hin- und herbewegen. Schokolade fest werden lassen.

6. Für das Karamell die weiße Kuvertüre hacken, in einen Topf geben und mit der Creme und der Sahne bei geringer Hitze erwärmen. Gut verrühren, bis ein Glanz entsteht. Topf vom Herd nehmen und Karamell abkühlen lassen.

7. Das abgekühlte Karamell mit einem Teelöffel auf den noch nicht dekorierten Keksen verteilen. Jeweils einen Keks mit Loch auflegen und leicht andrücken. Zum Schluss mit Fleur de Sel bestreuen.

# Aschenputtel

*Es war einmal ein Mädchen, das hatte seine Mutter verloren. Nach einiger Zeit heiratete der Vater eine neue Frau, die hatte zwei Töchter. Sie alle waren boshaft und nannten das Mädchen nur Aschenputtel, da es die dreckige Arbeit im Haushalt erledigen musste. Eines Tages wollte der Vater in die Stadt fahren und fragte seine Stieftöchter, was er ihnen mitbringen solle. Sie wünschten sich Kleider und Schmuck. Als Aschenputtel gefragt wurde, war es bescheiden und wünschte sich das Erste, was dem Vater vor die Nase fiele. Auf seiner Reise streifte ihn ein Haselreis, und er brachte dieses seiner Tochter mit. Aschenputtel pflanzte es am Grab seiner Mutter ein und weinte bitterlich. Durch die Tränen wuchs daraus ein schöner Haselnussstrauch …*

*Frei nach einem Märchen der Gebrüder Grimm*

## Haselnuss-Schoko-Cupcakes mit Karamell-Frosting und Toffifee

***Zubereitung:*** 40 Min. ✦ ***Kühlen:*** 1 Stunde ✦ ***Backen:*** 25 Min.

***Für 12 Stück***

***Für das Frosting***

- 150 g weiche Butter
- 150 g Frischkäse (Doppelrahmstufe)
- 150 g Puderzucker
- 1 TL Vanillezucker
- 70 g San-Apart

***Für die Füllung***

- 50 g Vollmilchschokolade
- 100 g Sahne
- 4 EL Nutella

***Für den Teig***

- 50 g Zartbitterschokolade
- 100 g weiche Butter
- 2 Eier (Größe M)
- 100 g Zucker
- 150 g gemahlene Haselnüsse
- 2 EL Sahne

*1.* Zuerst die Füllung und das Frosting vorbereiten. Für das Frosting die Butter in eine Schüssel geben und mit einem Handmixer cremig aufschlagen. Anschließend mit einem Schneebesen den Frischkäse unterheben. Den Puderzucker darübersieben und zuletzt den Vanillezucker und das San Apart einrühren. Die Masse mit Frischhaltefolie abdecken und bis zur Verwendung in den Kühlschrank stellen.

*2.* Für die Füllung die Schokolade in Stücke brechen, mit der Sahne und dem Nutella in einen kleinen Topf geben und bei geringer Hitze schmelzen. Wenn sich die Schokolade komplett aufgelöst hat, die Creme vom Herd nehmen und abkühlen lassen. Anschließend in eine Schüssel umfüllen und ebenfalls mit Frischhaltefolie abgedeckt in den Kühlschrank stellen.

*3.* Den Backofen auf 150 °C Umluft vorheizen. Ein Muffinblech mit Papierförmchen auslegen. Für den Teig die Schokolade in Stücke brechen, mit der Butter in eine Schüssel geben und über dem heißen Wasserbad schmelzen. Dann Schüssel zur Seite stellen und Creme etwas abkühlen lassen.

▶

*Zum Garnieren*
Haselnusskrokant
12 Stück Toffifee

*Sonstiges*
Muffinblech
Papierförmchen
Spritzbeutel mit Sterntülle (beliebiger Durchmesser)

4. Die Eier trennen, das Eiweiß in einer Schüssel mit dem Handmixer sehr steif schlagen. Das Eigelb mit dem Zucker in eine zweite Schüssel geben und schaumig rühren. Dann die Schokoladen-Butter-Mischung unterheben. Die Haselnüsse dazugeben und zuletzt den Eischnee und die Sahne unterheben.

5. Den Teig gleichmäßig auf die Förmchen verteilen und auf mittlerer Schiene 25 Minuten im Ofen backen. Mit der Stäbchenprobe prüfen, ob die Muffins fertig sind. Muffins auf einem Kuchengitter für 1 Stunde auskühlen lassen.

6. Nach dem Abkühlen mit einem Messer Mulden mit einem Durchmesser von 2–3 cm in die Mitte der Muffins schneiden. Achtung: Die Mulden sollten von der Tiefe her nur etwa bis zur Hälfte der Muffins reichen, damit genug Boden übrigbleibt und die Füllung nicht ausläuft.

7. Die Füllung gleichmäßig auf die Mulden in den Muffins verteilen.

8. Das Frosting in einen Spritzbeutel füllen und auf den Muffins verteilen. Dafür am Rand ansetzen und gegen den Uhrzeigersinn in kreisenden Bewegungen nach innen spritzen, bis alles mit Frosting bedeckt ist. Zuletzt etwas Krokant darüberstreuen und jeweils 1 Toffifee in die Mitte setzen.

# Die Rübe

*Es waren einmal zwei Brüder, die dienten beide als Soldaten. Der eine war reich, der andere arm. Da beschloss der Arme, seinen Soldatenrock auszuziehen und Bauer zu werden. Er pflanzte ein paar Samen und alsbald wuchs auf dem Acker eine Rübe, die wollte gar nicht aufhören zu wachsen. Sie war dick und groß und konnte sich wahrlich die Fürstin aller Rüben nennen, denn noch nie ward so eine Rübe gesehen und sollte auch nicht mehr gesehen werden. Der Bauer war überwältigt von der Rübe und wusste gar nicht, ob es ein Glück oder Unglück war, denn was sollte er nur damit anstellen …*

*Frei nach einem Märchen der Gebrüder Grimm*

## Karottenkuchen mit Mascarpone und Orangensirup

***Zubereitung:*** 30 Min. ✦ ***Backen:*** 50–60 Min.

***Für 1 Springform (Ø 26 cm)***

***Für den Teig***
- 400 g Karotten
- 200 g Rohrzucker
- 200 ml Sonnenblumenöl
- 1 TL Zimt
- 1 Päckchen Backpulver
- 400 g Mehl
- 1 Päckchen Vanillezucker
- etwas Öl für die Form

***Für den Orangensirup***
- 2 EL Blütenhonig
- Saft von 1 Bio-Orange

***Für das Frosting***
- 250 g Mascarpone
- 250 g Frischkäse (Doppelrahmstufe)
- 1 Päckchen Vanillezucker

1. Den Backofen auf 180 °C Ober-/Unterhitze vorheizen.
2. Karotten schälen, die Enden abschneiden und Karotten grob raspeln. In eine große Schüssel geben und die restlichen Teigzutaten zufügen. Mit dem Handmixer zu einem glatten Teig vermengen.
3. Die Springform mit Öl einfetten, den Teig hineinfüllen und auf der mittleren Schiene 50–60 Minuten im Ofen backen. Sollte der Kuchen oben zu dunkel werden, einfach mit Alufolie abdecken. Kuchen aus dem Ofen holen und auf einem Kuchengitter abkühlen lassen.
4. Währenddessen den Orangensirup zubereiten. Den Honig und den Orangensaft in einem Topf verrühren und einmal kurz aufkochen. Dann Topf vom Herd nehmen. 4 EL vom Orangensirup in eine kleine Schüssel geben und beiseitestellen.
5. Wenn der Kuchen abgekühlt ist, den Orangensirup aus dem Topf gleichmäßig über dem Kuchen verteilen.
6. Für das Frosting Mascarpone, Frischkäse und Vanillezucker in eine Schüssel geben und cremig rühren. Mit einem Spatel gleichmäßig auf dem Kuchen verstreichen. Den beiseitegestellten Sirup auf das Frosting träufeln.

# Schneeweißchen und Rosenrot

*Es war einmal eine Witwe, die lebte in einer kleinen Hütte mit einem Garten davor. Darin standen zwei Rosenbäumchen, das eine mit strahlenden weißen Blüten und das andere mit leuchtend roten. Sie hatte zwei Töchter namens Schneeweißchen und Rosenrot, die den beiden Rosenbäumchen jede auf ihre Art glichen. Schneeweißchen war stiller und besonnen, während Rosenrot über Wiesen sprang und ein aufgewecktes Wesen hatte. Und auch wenn sie unterschiedlicher nicht sein konnten, so hatten sie einander unendlich lieb und waren froh, sich zu haben …*

*Frei nach einem Märchen der Gebrüder Grimm*

## Red-Velvet-Gugelhupf

***Zubereitung:*** 30 Min. ✦ ***Backen:*** 1 Stunde

***Für 1 Gugelhupfform (ca. Ø 22 cm)***

***Für den Teig***

250 g weiche Butter + mehr für die Form
375 g Feinstzucker
2 Päckchen Vanillezucker
6 Eier (Größe M)
500 g Mehl
1 Päckchen Backpulver
1 Tasse Milch
ca. 3–5 g rote Lebensmittelfarbe (Pulver, flüssig oder Gel)

***Für die Deko***

100 g weiße Schokolade
bunte Zuckerperlen oder Streusel

1. Butter, Feinst- und Vanillezucker in eine Schüssel geben und mit dem Handmixer cremig aufschlagen. Die Eier nacheinander einarbeiten.
2. Mehl und Backpulver in eine separate Schüssel sieben, anschließend zu der Eiermasse geben und verkneten. Zuletzt die Milch zugießen und alles zu einem glatten Teig verarbeiten.
3. ⅓ des Teigs abteilen und in eine separate Schüssel umfüllen. Die Lebensmittelfarbe untermischen, dabei je nach Farbwunsch (rosa oder rot) etwas mehr Farbe nehmen. Bei Verwendung von flüssiger Farbe am besten noch 1 EL Mehl unterrühren, damit die Feuchtigkeit gebunden wird.
4. Den Backofen auf 160 °C Umluft vorheizen. Eine Gugelhupfform mit etwas Butter einfetten und abwechselnd den hellen und den roten Teig schichten. Mit einer Gabel mit Wellenbewegungen Schlieren durch den Teig ziehen.
5. Kuchen auf mittlerer Schiene 1 Stunde im Ofen backen. Mit der Stäbchenprobe testen, ob der Kuchen durchgebacken ist. Aus dem Ofen nehmen, etwas abkühlen lassen, dann aus der Form heben und auf einem Gitter komplett erkalten lassen.
6. Schokolade in Stücke brechen, in eine Schüssel geben und über dem warmen Wasserbad schmelzen. Guss über den Kuchen gießen und diesen mit Zuckerperlen und Streuseln verzieren.

# Das Mädchen mit den Schwefelhölzern

*Es war einmal ein kleines Mädchen, welches am Neujahrsabend in Kälte und Dunkelheit eine Straße entlangging. Bei sich hatte es einen Bund Schwefelhölzer, die es eigentlich verkaufen wollte, aber niemand interessierte sich dafür. Weil es so spät am Abend war und sich das Mädchen nicht nach Hause traute, weil es nichts verkauft hatte, setzte es sich an eine Hausecke und fror entsetzlich. Da fielen ihm die Schwefelhölzer ein, die es bei sich trug. Es zündete eines an, und der goldene Schein war so prächtig, dass es auf das Mädchen wirkte, als sei es ein brennender Ofen mit edlen Messingbeinen, der ihr das Gefühl von Geborgenheit schenkte …*

*Frei nach einem Märchen von Hans Christian Andersen*

## Schwefelhölzer-Schoko-Stäbchen

***Zubereitung:*** 25 Min. ✦ ***Kühlen:*** 2 Std.

***Für ca. 50 Stück***

100 g Zartbitterschokolade
50 g Salzstangen

1. Ein Blech mit Backpapier auslegen und beiseitestellen.
2. Die Schokolade in Stücke brechen, in eine Schüssel geben und über dem Wasserbad schmelzen. Dann in ein schmales Glas umfüllen.
3. Die Salzstangen jeweils zu einem Drittel in die Schokolade tauchen und anschließend auf das Blech legen. Mindestens 2 Stunden kalt stellen, bis die Schokolade eine matte Oberfläche hat. Alternativ über Nacht an einen kühlen, trockenen Ort stellen.

### Tipp

Schmeckt auch toll mit weißer Schokolade oder Vollmilchschokolade.
Zusätzlich kannst du die Stangen in Krokant wälzen, solange die Schokolade noch flüssig ist.

# Schneewittchen

*Es war einmal im Winter, da saß eine Königin an einem Fenster mit einem Rahmen aus dunklem Ebenholz und nähte. Die Schneeflocken flogen wild vom Himmel, und die Königin blickte ihnen nach. In einem unbedachten Moment stach sie sich mit der Nadel in den Finger, und drei Blutstropfen fielen auf die Schneedecke vor ihrem Fensterbrett. Sie fand das Rot auf Weiß so schön, dass sie sich dachte, sie hätte gerne ein Kind, welches weiß wie Schnee, rot wie Blut und schwarz wie Ebenholz sei. Bald darauf bekam sie eine Tochter, welche alle diese Eigenschaften besaß. Sie wurde deswegen Schneewittchen genannt …*

*Frei nach einem Märchen der Gebrüder Grimm*

## Schneewittchen-Torte

***Zubereitung:*** 45 Min. ✦ ***Backen:*** 30 Min. ✦ ***Kühlen:*** 3 Std.

***Für 1 Springform (Ø 26 cm)***

***Für die Creme***

- 200 g Sahne
- 1 Päckchen Sahnesteif
- 250 g Quark
- 1 EL Zucker
- 1 Päckchen Vanillezucker

***Für den Teig***

- 175 g Sauerkirschen aus dem Glas (Abtropfgewicht)
- 100 g weiche Butter + mehr für die Form
- 120 g Zucker
- 1 Päckchen Vanillezucker
- 3 Eier (Größe M)
- 200 g Mehl
- ½ Päckchen Backpulver
- 2 EL Kakao
- 260 ml Milch

1. Die Sahne mit dem Sahnesteif in eine Schüssel geben und mit dem Handmixer steif schlagen. Anschließend Quark, Zucker und Vanillezucker unterrühren, bis eine homogene Creme entstanden ist. Anschließend bis zur Verwendung in den Kühlschrank stellen.
2. Den Backofen auf 175 °C Ober-/Unterhitze vorheizen.
3. Für den Rührteig die Kirschen durch ein Sieb abgießen, dabei den Saft in einem Messbecher auffangen. Es werden 250 ml benötigt, bei Bedarf mit Wasser aufgießen.
4. Butter, Zucker und Vanillezucker in eine Schüssel geben und schaumig rühren. Anschließend die Eier einarbeiten. Die trockenen Zutaten dazugeben und zuletzt die Milch unterrühren.
5. Eine Springform mit Butter einfetten und den Teig einfüllen. Die Kirschen gleichmäßig auf dem Teig verteilen. Kuchen 30 Minuten auf mittlerer Schiene im Ofen backen. Danach komplett abkühlen lassen. Mit einem Messer am Rand der Form entlangfahren, sodass sich der Teig vom Rand löst.
6. Wenn der Kuchen abgekühlt ist, aus der Springform lösen, einen Tortenring umlegen, den Boden mit der Quarkcreme bestreichen und 30 Minuten kaltstellen.

▶

*Für die Glasur*

1 Päckchen roter Tortenguss
2 gestr. EL Zucker
250 ml Kirschsaft (von den Kirschen)

7. Zuletzt die Kirschglasur zubereiten. Dazu den Tortenguss mit dem Zucker und dem Kirschsaft in einen Topf geben und gut verrühren. Flüssigkeit unter ständigem Rühren einmal aufkochen lassen, anschließend sofort gleichmäßig auf der Quarkcreme verstreichen. Kuchen weitere 30 Minuten kaltstellen. Mit einem Messer am Rand des Kuchens entlangfahren und den Tortenring ablösen.

# Dornröschen

*Es waren einmal ein König und eine Königin, die hatten eine Tochter. Zur Feier ihrer Geburt wurde ein Fest veranstaltet, zu dem auch die weisen Frauen des Landes eingeladen waren. Es gab jedoch nur zwölf Teller, und so musste die dreizehnte von ihnen verzichten. Darüber war sie so erbost, dass sie das Kind verfluchte. Es sollte sich an seinem 15. Geburtstag an einer Spindel stechen und tot umfallen. Eine der weisen Frauen wandelte diesen Fluch in einen hundertjährigen Schlaf um, um die Königstochter zu schützen. Als das Mädchen 15 Jahre alt wurde, stach sie sich durch ein Missgeschick in den Finger und versank in einen Schlaf und das ganze Schloss mit ihr. Die Welt wurde still und um das Schloss wuchsen unzählige Rosenranken, bis es ganz davon bedeckt war. Deswegen erzählte man sich überall von dem schönen Dornröschen …*

*Frei nach einem Märchen der Gebrüder Grimm*

## Apfelrosen

***Zubereitung:*** 30 Min. ✦ ***Kühlen:*** 15 Min. ✦ ***Backen:*** 30 Min.

***Für 24 Stück***

140 g Aprikosenmarmelade
20 g Apfelmus
4 EL Zucker
3 EL lauwarmes Wasser
1 Msp. Zimt
abgeriebene Schale von ½ Bio-Zitrone
6 rote Äpfel
etwas Butter für die Form
4 Packungen Blätterteig (Kühlregal)
Puderzucker

***Sonstiges***

Mikrowelle
Muffinblech

1. In einer kleinen Schüssel die Marmelade mit dem Apfelmus, Zucker, lauwarmem Wasser, Zimt und Zitronenabrieb verrühren. Beiseitestellen.
2. Die Äpfel heiß abwaschen, die Kerngehäuse entfernen und Äpfel dann entweder mit dem Messer oder einem Hobel in feine Scheiben schneiden. Die Scheiben sollten maximal 2 mm dick sein. Die Apfelscheiben versetzt auf einen Teller legen und bei 300 Watt 2–3 Minuten in die Mikrowelle geben, bis sie weich sind. Den Teller für 15 Minuten mit einem Küchentuch bedeckt an einen kühlen Ort stellen.
3. Die Mulden des Muffinblechs mit Butter einfetten.
4. Jede Packung Blätterteig ausrollen und entlang der kurzen Seite in 6 gleich große Streifen schneiden. Jeden Streifen mit der Marmeladenmischung bestreichen.
5. Apfelscheiben überlappend nebeneinander auf die Streifen legen. In der Mitte des Streifens ansetzen, damit die Scheiben oben überstehen. Den unteren Teil des Streifens nun umklappen und gut festdrücken. Den Streifen von der kurzen Seite her locker aufrollen. Achtung: Die Apfelscheiben sollten nicht brechen.

▶

6. Den Backofen auf 180 °C Umluft vorheizen.
7. Die aufgerollten Apfelrosen in die Muffinmulden setzen und 30 Minuten im Ofen backen. Sollten die Apfelscheiben zu dunkel werden, mit einer Schicht Alufolie abdecken. Apfelrosen auskühlen lassen und vor dem Servieren mit Puderzucker bestäuben.

## Tipp

Wer keine Mikrowelle besitzt, kann die feinen Apfelscheiben in Schritt 2 auch in einer Pfanne weich kochen bzw. dampfgaren. Dafür so viel Wasser in eine große Pfanne geben, dass der Boden gut damit bedeckt ist, und die Apfelscheiben hineinlegen. Einen Deckel aufsetzen und Apfelscheiben bei geringer Temperatur in 5–10 Minuten weich garen.

# Rapunzel

*Es war einmal ein Mädchen, das hieß Rapunzel. Es war das schönste Kind unter der Sonne. Es lebte zusammen mit einer Zauberin, welche sie durch einen bösen Handel von ihren Eltern gestohlen hatte. Als Rapunzel zwölf Jahre alt war, schloss die Zauberin sie in einen Turm ein, der nur ein kleines Fensterchen hatte. Es gab weder Treppe noch Türe. Immer wenn die Zauberin hineinwollte, rief sie: »Rapunzel, Rapunzel, lass dein Haar herunter.« Rapunzel hatte lange prächtige Haare, so fein wie gesponnenes Gold. Sobald sie die Zauberin rufen hörte, ließ sie ihren Zopf aus dem Fensterchen hinunter, und die Zauberin zog sich daran hoch …*

*Frei nach einem Märchen der Gebrüder Grimm*

## Geflochtener Briochezopf

***Zubereitung:*** 30 Min. ✦ ***Ruhen:*** 3 Std. 20 Min. ✦ ***Backen:*** 20 Min.

***Für 1 Zopf***

***Für den Teig***

250 ml Milch
7 g Trockenhefe
3 EL Zucker
420 g Mehl + mehr für die Arbeitsfläche
1 gestr. TL Salz
60 g weiche Butter
1 Ei (Größe M)

***Für die Deko***

1 Eigelb
1 TL Milch
Hagelzucker

1. Die Milch in einem Topf lauwarm erhitzen. In einer Schüssel die Hefe mit Zucker und ca. 3 EL lauwarmer Milch verrühren.
2. Das Mehl in eine große Schüssel geben und in die Mitte eine Mulde drücken. Die Hefemischung hineingießen und mit etwas Mehl bedecken. Hefe abgedeckt an einem warmen Ort 30 Minuten gehen lassen.
3. Nach der Ruhezeit die restliche lauwarme Milch, den restlichen Zucker, Salz, Butter und das Ei zum Teig geben und mit dem Handmixer zu einem glatten Teig verkneten. Teig abgedeckt 2 ½ Stunden an einem warmen Ort gehen lassen.
4. Nach der Ruhezeit den Teig in 3 gleich große Portionen teilen. Diese nochmals mit der Hand durchkneten und zu 40–50 cm langen Strängen rollen (klebt der Teig, mit etwas Mehl bestäuben).
5. Ein Backblech mit Backpapier auslegen und die Stränge darauf zu einem Zopf flechten. Die Enden auf beiden Seiten gut zusammendrücken. Den Zopf mit Frischhaltefolie abdecken und weitere 20 Minuten gehen lassen. Den Backofen auf 180 °C Umluft vorheizen.
6. Das Eigelb in einer Tasse mit der Milch verrühren und den Zopf damit einpinseln. Hagelzucker darüberstreuen und Zopf auf mittlerer Schiene im Ofen 20 Minuten backen, bis er goldbraun ist.

*Zaubertränke können unglaubliche Kräfte entfesseln, in so manchem Punsch schlummert ein Geheimnis und Märchenfiguren erfreuen sich nicht selten an einem wohltuenden Trank am Wegesrand – lass dich entführen in die verzauberte Welt der Getränke und genieße fantastische Limonaden, Cocktails, Bowle und heiße Schokolade.*

# Abenteuerliche Getränke

# Der Königssohn, der sich vor nichts fürchtet

*Es war einmal ein Königssohn, der fürchtete sich vor nichts. Ihm wurde es zu Hause schnell langweilig und deshalb wollte er in die Welt hinausgehen, um Abenteuer zu erleben. Da zog er los und kam bei einem Haus eines Riesen vorbei. Dieser hatte Kegel in seinem Hof stehen und der Königssohn begann, diese umzuwerfen und amüsierte sich, wenn sie laut zu Boden fielen. Der Riese hörte dies und steckte seinen Kopf empört aus dem Fenster. »Was glaubst du, wer du bist, dass du meine Kegel einfach umwirfst? Du bist nur ein Mensch!« »Ach, ich bin einfach stark und kann alles!«, entgegnete der Königssohn. »Wenn du alles kannst, dann gehe zum Baum des Lebens und pflücke mir dort einen Apfel. Dieser befindet sich hinter einem Gittertor und man muss die Hand durch einen Ring stecken, um an den Apfel zu gelangen. Das hat noch nie jemand geschafft«, sagte der Riese forsch. »Ich werde es schaffen. Dieser Apfelbaum ist kein Problem für mich«, erwiderte der Königssohn und machte sich auf den Weg …*

*Frei nach einem Märchen der Gebrüder Grimm*

## Apfel-Limonade

***Zubereitung:*** 20 Min.

***Für 4 Gläser à 250 ml***

1 roter Apfel
500 ml Sprudelwasser
500 ml naturtrüber Apfelsaft
1 TL Blue-Curaçao-Sirup
3 Bio-Limetten
1 TL Vanillezucker
1 TL Blütenhonig
Eiswürfel

1. Den Apfel waschen, das Kerngehäuse entfernen und Fruchtfleisch in ca. 5 mm dicke Spalten schneiden. Beiseitestellen.
2. Sprudelwasser, Apfelsaft und Sirup in eine Karaffe oder Bowleschale füllen und einmal kräftig umrühren.
3. Die Limetten heiß abwaschen. Von 1 Limette die Schale fein abreiben. Anschließend die Frucht auspressen. Die restlichen Limetten in feine Scheiben schneiden.
4. Limettenschale, Vanillezucker und Blütenhonig zu der Limonade geben und alles gut umrühren.
5. Nach Belieben Eiswürfel in 4 Gläser geben, die Limonade daraufgießen und mit Limettenscheiben und Apfelspalten garnieren.

### Tipp

Für eine hochprozentigere Mischung kannst du optional noch 1 cl Berentzen Saurer Apfel pro Glas dazugeben.

# Das blaue Licht

*Es war einmal ein Soldat, der hatte im Krieg für seinen König gekämpft. Als der Krieg vorbei war, konnte er dem König nicht mehr dienen, da er zu viele Wunden erlitten hatte. Der König stellte ihn frei, entsagte ihm aber auch jeglichen Lohn. Da ging der Soldat verzweifelt los und fand ein kleines Häuschen mit einer Hexe darin. Er fragte sie, ob er ihr helfen könne, im Gegenzug für etwas Speis und Trank. Sie willigte ein und so bekam der Soldat Tag für Tag Aufgaben, die er zu erledigen hatte. Eines Tages sagte die Hexe, dass er zum Brunnen gehen solle – da läge am Grund ein blaues Licht von ihr, das solle er hinaufholen. Der Soldat tat wie ihm geheißen und stieg hinab. Als er mit dem blauen Licht nach oben kam, merkte er, dass die Hexe nur das Licht wollte, aber ihm nicht die Hand entgegenstreckte, um ihm hinauszuhelfen. Da sagte er: »Das Licht behalte ich so lange, bis du mir hilfst.« Da stieß ihn die Hexe hinab und ließ ihn zusammen mit dem Licht auf den Grund des Brunnens zurückfallen …*

*Frei nach einem Märchen der Gebrüder Grimm*

## Blauer Eistee mit gefrorenen Früchten

***Gefrieren:*** über Nacht ✦ ***Kühlen:*** 2 Std. ✦ ***Zubereitung:*** 15 Min.

***Für 4 Gläser à 250 ml***

1 EL Blue-Curaçao-Sirup
1 Handvoll grüne Trauben
1 Handvoll Heidelbeeren
3 Teebeutel weißer Tee
1 Kiwi
1 TL Limettensaft
1 TL Zucker

***Sonstiges***

kleiner Keksausstecher in Stern- oder Herzform

1. Am Vorabend für die Eiswürfel die benötigte Menge an Wasser, die in die Eiswürfelform passt, mit dem Sirup verrühren und dann gleichmäßig in die Form gießen und über Nacht in das Gefrierfach geben.
2. Die Trauben und Heidelbeeren waschen, abtrocknen, in eine verschließbare Dose füllen und auch über Nacht einfrieren.
3. Am nächsten Tag 1 l Wasser kochen, in eine Kanne gießen und die Teebeutel darin nach Packungsanweisung ziehen lassen. Teebeutel herausnehmen und Tee ca. 2 Stunden in den Kühlschrank stellen, bis er komplett abgekühlt ist.
4. Die Kiwi schälen und in ca. 5 mm dicke Scheiben schneiden. Mit dem kleinen Ausstecher Sterne oder Herzen aus den Scheiben ausstechen und beiseitestellen.
5. Den Tee aus der Kühlung holen, Limettensaft und Zucker dazugeben und gut umrühren. Den Eistee gleichmäßig auf 4 Gläser verteilen und mit Kiwi, Trauben, Heidelbeeren und Eiswürfeln garnieren.

## Tipp

Statt weißem Tee kannst du auch deinen Lieblingstee verwenden. Als Ersatz für Limettensaft eignen sich Grenadine oder Orangensaft.

# Die klare Sonne bringt's an den Tag

*Es war einmal ein Schneider, der ging auf Wanderschaft und fand eines Tages keine Arbeit mehr. Da war er verzweifelt und wusste nicht, wie er an ein paar Taler kommen sollte. Er ging betrübt durch den Wald und begegnete einem Mann, der recht wohlhabend zu sein schien. Als der Mann auf das Drängen des Schneiderleins, ihm ein paar Taler abzugeben, nicht einging, überfiel der Schneider den Mann hinterrücks, und ehe er sich aus dem Staub machen konnte, sagte der Mann zu ihm: »Die klare Sonne wird's an den Tag bringen!« Der Schneider dachte sich nichts dabei und lebte fortan sein Leben. Eines Tages, als er schon Frau und Kinder hatte, brachte seine Frau ihm ein Getränk, und noch bevor er trinken konnte, fiel die Sonne darauf und leuchtende Kringel erschienen an der Wand. Da fiel ihm wieder der Mann ein und er murmelte: »Es wird vielleicht was dran sein …« Seine Frau verstand ihn nicht und fragte, was er meinte. Da erzählte er, dass er den Mann damals überfallen und bestohlen hatte. Seine Frau versprach, es nicht weiterzuerzählen, doch bald schon verbreitete sich die Kunde im Dorf. Alsbald wurde der Schneider verurteilt für sein Handeln. Die Sonne hatte es an den Tag gebracht …*

*Frei nach einem Märchen der Gebrüder Grimm*

## Goldene heiße Schokolade mit Likör 43

***Zubereitung:*** 15 Min.

***Für 4 Gläser à 250 ml***

100 g weiße Schokolade
500 ml Milch
125 g Sahne
1 Päckchen Vanillezucker
4 EL Likör 43
Haselnusskrokant
Essbares Goldpuder

1. Die Schokolade fein hacken. Dann die Milch in einem Topf erhitzen und die Schokolade löffelweise dazugeben und schmelzen. Wenn die ganze Schokolade geschmolzen ist, Topf vom Herd nehmen und beiseitestellen.
2. Die Sahne und den Vanillezucker in eine Schüssel geben und mit dem Handmixer steif schlagen.
3. 4 Gläser bereitstellen. In jedes Glas 1 EL Likör geben und mit der heißen Schokolade aufgießen. Die Sahne mit einem Esslöffel großzügig auf der heißen Schokolade verteilen, mit Haselnusskrokant und anschließend Goldpuder bestreuen.

# Muttergottesgläschen

*Es war einmal ein Fuhrmann, der hatte seinen Karren voll Wein in einem Graben festgefahren. Er konnte ihn allein nicht herausziehen und war verzweifelt. Da kam die Muttergottes des Weges und sagte: »Wenn du mir ein Glas von deinem Wein gibst, dann will ich dir helfen.« »Meinen Wein sollst du bekommen«, entgegnete der Fuhrmann. »Ein Glas habe ich nur leider nicht.« Da pflückte die Muttergottes ein Blümchen vom Wegesrand, das war mit weißen Blüten und roten Streifen geschmückt. Sie reichte es dem Fuhrmann und dieser füllte es mit Wein, als wäre es ein Glas. Die Muttergottes trank den Wein und im selben Moment stand der Wagen wieder auf dem Weg und der Fuhrmann konnte weiterfahren. Das Blümchen heißt noch heute Muttergottesgläschen.*

*Frei nach einem Märchen der Gebrüder Grimm*

## Roséwein-Bowle

***Ruhen:*** 4 Std. 15 Min. ✦ ***Zubereitung:*** 20 Min.

***Für ca. 10 Gläser à 250 ml***

300 g TK-Beerenmischung
100 ml Orangenlikör
(alternativ Likör 43)
1 l Orangensaft
1 Vanilleschote
1 ½ l Roséwein
1 Zimtstange
3 EL Zucker
1 Bio-Orange

1. Die Beeren bei Zimmertemperatur auftauen lassen oder für 3–5 Minuten in die Mikrowelle geben. Danach in eine Schüssel füllen, mit dem Orangenlikör und dem Orangensaft vermischen und 4 Stunden ziehen lassen.
2. Die Vanilleschote mit einem Messer aufschlitzen und das Mark herauskratzen. Den Roséwein, die Zimtstange, den Zucker und das Vanillemark in einen großen Topf geben und aufkochen lassen. Anschließend Mischung auf der ausgeschalteten Herdplatte 15 Minuten ziehen lassen.
3. Die Orange waschen, abtrocknen und in Scheiben schneiden.
4. Die Beeren-Orangensaft-Mischung zum Wein gießen und gut verrühren. Vanilleschote entfernen, Bowle auf die Gläser verteilen und jedes Glas mit 1 Orangenscheibe garnieren.

### Tipp

Für eine alkoholfreie Variante kannst du den Likör und Roséwein einfach zu gleichen Teilen durch Traubensaft ersetzen.

# Der goldene Vogel

*Es war einmal ein König, der hinter dem Schloss einen prächtigen Garten hatte. Darin stand ein Baum, der goldene Äpfel trug. Als diese reif für die Ernte waren, wurden sie gezählt, aber es fehlte einer. Der König war erzürnt und befahl, den Baum Tag und Nacht zu bewachen. Er hatte drei Söhne, die nacheinander den Baum beobachten sollten. Die ersten beiden schliefen jedoch ein, und am nächsten Tag fehlte jeweils ein weiterer Apfel. Der jüngste Sohn blieb jedoch wach und entdeckte einen goldenen Vogel, der sich auf dem Baum absetzte und nach den Äpfeln pickte …*

*Frei nach einem Märchen der Gebrüder Grimm*

## Goldener Apfelpunsch

***Zubereitung:*** 15 Min. ✦ ***Ruhen:*** 20 Min.

***Für 4 Gläser à 250 ml***

2 Äpfel
2 Saftorangen
500 ml Apfelsaft
500 ml Orangensaft
1 gestr. TL Zimt
1 EL Honig

1. Äpfel waschen, schälen, entkernen und in Würfel schneiden. Die Orangen filetieren. Dafür oben und unten einen »Deckel« abschneiden, damit die Orangen gerade auf dem Schneidebrett stehen können. Die Schale mit einem scharfen Messer am Fruchtfleisch entlang von oben nach unten abtrennen. Die Filets aus den Zwischenräumen lösen.
2. Apfelwürfel und Orangenfilets mit den restlichen Zutaten in einen großen Topf geben und einmal aufkochen lassen. Danach mindestens 20 Minuten ziehen lassen. Gleichmäßig auf die Gläser verteilen und servieren.

## Tipp

Der Orangensaft kann auch durch Mango- oder Maracujasaft ausgetauscht werden.

**Bibliografische Information der Deutschen Nationalbibliothek**
Die Deutsche Nationalbibliothek verzeichnet diese Publikation in der Deutschen Nationalbibliografie. Detaillierte bibliografische Daten sind im Internet über http://dnb.d-nb.de abrufbar.

**Für Fragen und Anregungen**
info@rivaverlag.de

**Wichtiger Hinweis**
Ausschließlich zum Zweck der besseren Lesbarkeit wurde auf eine genderspezifische Schreibweise sowie eine Mehrfachbezeichnung verzichtet. Alle personenbezogenen Bezeichnungen sind somit geschlechtsneutral zu verstehen.

Originalausgabe
1. Auflage 2022

Türkenstraße 89
80799 München
Tel.: 089 651285-0
Fax: 089 652096



Redaktion: Caroline Kazianka
Umschlaggestaltung und Layout: Isabella Dorsch
Umschlagabbildungen und Abbildungen im Innenteil: Stephanie Just
Symbole: Shutterstock.com: antonpix, Apostrophe, ArnaPhoto, Erica Truex, KateVogel, LanaN, MicroOne
Satz: inpunkt[w]o, Haiger (www.inpunktwo.de)
Druck: Livonia Print, Riga
Printed in Latvia

ISBN Print 978-3-7423-2054-4
ISBN E-Book (PDF) 978-3-7453-1814-2
ISBN E-Book (EPUB, Mobi) 978-3-7453-1815-9